U0063132

SUSAN
SONTAG

桑塔格
作品集

旁觀他人之痛苦

Regarding the Pain of Others

蘇珊・桑塔格
Susan Sontag

獻給大衛

目　次

……致被擊倒的一群！[1]

——波特萊爾（Baudelaire）

這垢穢的看護，經驗……[2]

——丁尼生（Tennyson）

全書以＊標示作者註，以1 2 3標示譯者註。

1 語出波特萊爾《惡之華》（*Les Fleurs du Mal*）中的名詩〈天鵝〉（Le Cygne），詩中的
「我」從古希臘喪夫被隸的安卓瑪姬（Andromache）聯想到巴黎市集中在髒水裡拍
翼的天鵝。詩末一段：

　　我想起凋萎如花的孤兒棄子

　　那些痛失──永失──摯愛

　　嚥下眼淚，於憂愁

　　這母狼的懷中哺啜的人；

　　於我心靈之流亡的林木中

　　某組不饒人的記憶吹響了號角；

　　於是我想起了，是致身陷囹圄的，

　　覆舟的，被擊倒的一群

　　──還有更多更多

2 引自十九世紀英國大詩人丁尼生描寫中世紀亞瑟王聖杯故事的敘事長詩《國王傳說》
（*The Idylls of the King*）中的第十章〈最後的比武大會〉（The Last Tournament）。

懷蘇珊‧桑塔格——文明的守護與重生

文／陳耀成

「我是一個書店迷。不知為何，我從來對圖書館不太熱衷。從兒時開始，我就想擁有自己的書。九歲時我開始買書。當然閱讀就更早開始。我母親儲著許多書，許多好書。每逢耶誕或我的生日，她送給我的禮物都是那些被認為適合兒童閱讀的經典作，例如史瑞夫特（Swift）、蘭伯（Lamb）、霍桑（Hawthorne）、艾葛特（Alcott），布朗特（Brontes）姊妹、史提文遜（Stevenson）等。一直以來依稀總是書本——而不是我身旁的人——才是我的世界。書本是人藉以創造自我的工具，而記憶之中，我是生來就有創造自我的念頭。我很肯定吾生將與母親或我認識的人都不一樣。而書本是通往他方的傑出的護照。每本書都是一張飛氈。我倒已說過我母親擁有許多書，大部分我已在童年閱畢。影響我最深的是八歲時讀到的雨果的《悲慘世界》（Les Misérables）。那是一段轉化吾生的經歷。我發現如何在一本書內——母親擁有的版本一套六冊——存活一段長時間。我發現了社會的不公與義理，也發現了，可否說，這厚甸甸的世界。不久之後，我開始買書，零用錢都花在書上，十歲之後就更甚，因為發現了《現代圖書館》叢書。我愛上了這系列，這些偉麗的經典。我要做的事就是閱畢這系列，即是說，一本一本買回家中。無法想像把自己心愛的書還給圖書館。我要看到它們駐足我臥室的書架上。它們是我的守護

者，我的友人。」[1]

　　若桑塔格視她心愛的書為她的守護者。她在過去半個世紀所散發的偶像光芒，部分也源自她這「守護者」，甚或「衛道者」的角色──珍重、捍衛西方的高文化、對社會、政治、文化恆常機敏地發出不平之鳴。我不懷疑，若桑塔格今天依然健在的話，她將會參加美國華會支援〇八憲章及劉曉波的聯署。

　　桑塔格聲沉影寂後的美國文化圈的確空虛蒼白了一點。我當然期望能讀到我與她訪談（〈反後現代主義及其他〉）時，她提及的以日本為背景的小說，而與萬千讀者一樣，我們依然極度依賴她的品味，她的推薦。[2]布雷希特曾說：「需要英雄的年代是悲哀的。」可否說，「需要守護者的文化也是悲哀的」？我想文化這千里馬本身，永遠由守護者的伯樂締造。如同張愛玲打撈出《海上花》一樣，桑塔格的推介總有一份穿越浮華及濫俗傳統的權威感。也許不管創作者人生是坎坷慘澹、或生榮死哀，文化命脈的確恆常帶點哀愁。然而桑塔格傳遞的是文化守護者的廣大的熱

---

1 以上蘇珊・桑塔格的一席話載於蓮・調曼（Lynne Tillman）一九九九年出版的書《書局》，講述紐約市著名的「圖書公司」（Books & Co.）的生死大業。(Lynne Tillman, Bookstore: *The Life and Times of Jeannette Watson and Books & Co.*, New York: Houghton Mifflin Harcourt, 1999) 說是生死「大業」是因為九〇年代初彷彿是全球文化加速企業化的分水嶺。愛書人開辦的獨立書店在社會中日乏立錐之地。美國社會較明顯的反應似是《電子情書》（*You've Got Mail*）這部電影。但文化的危機、商業競爭的創痛只提供了一個「傲慢與偏見」式的浪漫喜劇布局。一些有識者曾經對該片很不滿意：被吞噬的獨立書店這一小魚對連鎖書店這大魚的抗拒，只是「偏見」而已？

2 我最近才閱畢她曾盛讚的英國作家彭莉羅畢，費茲哲羅（Penelope Fitzgerald）的歷史小說《藍花》（*The Blue Flower*）的確是傑作。

情，令讀者嚮往去看與看重她的推薦，還有她的評論及創作——
二者在她手中兩相輝映，兼具伯樂的狂喜與千里馬的執著凌厲。

早慧的天才

蘇珊‧桑塔格——近代美國少數最重要的作家及公眾知識分
子之一——於一九三三年在紐約市出生，但卻是在中國受孕，因
為父親當時住在天津，經營皮草生意。也是在天津，桑塔格五歲
時，她父親患肺病殞命。

早熟的桑塔格小時候夢想步居里夫人後塵，希望做科學家。
到七、八歲時卻發現她對文學的狂熱興趣。她十五歲中學畢業，
三年後於芝加哥大學畢業。在芝大，她與社會學家菲利普‧瑞夫
（Philip Rieff）閃電結婚。兒子大衛於一九五二年出生。

大衛‧瑞夫今天也是頗負文名的紀實作家，出版了有關邁阿
密、洛杉磯及波士尼亞的幾種著作。桑塔格在她的書內好幾處提
到她兒子，在〈戰爭與攝影〉文中甚至直接引述：「我們可能透
過敘事去理解，但卻憑著攝影去記憶。」

歐洲文化的影響

許多人把桑塔格——雖不至像伍迪‧艾倫般——與紐約連結
起來，因為很容易碰到她在音樂、歌劇、朗誦會上出現。她可以
跪在卡內基音樂廳地上與現代舞名宿康寧漢（Merce Cunningham）
聊天，或於戲院最前數排座椅上大吃爆米花。她的著作《火山情
人》（The Volcano Lover）的序幕是紐約的跳蚤市場，接著故事才躍
入十八世紀的義大利南部。桑塔格彷彿直承紐約猶太文學（並非

指題材上）的傳統。然而有一次談話中，她是這樣向我說：「我其實不太喜歡這個國家（美國），我可以住在許多地方，例如巴黎。除了紐約，我想不出哪個美國城市我願意住下來。紐約是這麼一個大都會！單只皇后區，據說已有上百的族裔各自說著自己的語言。我住在紐約，也是因為想接近我兒子……」

她於一九五七年從哈佛大學取得哲學碩士學位（三十六年後，她獲哈佛頒發榮譽博士），並得到一筆獎金遊學歐洲。她在巴黎住了一段時間，一九五八年回國向菲利普‧瑞夫要求離婚。

歐洲文化對桑塔格非常重要——她相信是與其歐洲（波蘭）猶太移民背景有關。精通法語的她也經常出入巴黎。此外她「精通義大利及西班牙文」。據她自己陳述，中學時讀托馬斯‧曼的《魔山》（*The Magic Mountain/Der Zauberberg*），英譯本並沒有譯出書中本來以法文寫的一章，桑塔格就去買了一本法英字典，開始自修法語。可以說泰半因她的推介，法國大文評家羅蘭‧巴特（Roland Barthes）及以法語寫作的羅馬尼亞哲學家斯奧朗（E. M. Cioran）的全集才得以英譯面世。也有人揣測是因為她在八〇年代寫的一篇〈心智的激情〉（Mind as Passion），推介了德語作家伊利亞斯‧卡內提（Elias Canetti），令他翌年得諾貝爾獎。

桑塔格的「崇歐傾向」也受到批評諷刺。有人形容她是「間中寫英文的美國作家」。小說家約翰‧厄普戴克（John Updike）甚至挪揄她為「我們非常璀璨的法國前衛文化的隨從」。

一九五九年與夫離異之後，桑塔格攜著幼子移居紐約，教書及賣文維生。她開始於當時文壇重鎮《宗派評論》（*Partisan Review*）——這雜誌也曾發表過夏濟安的短篇——揚名立萬，被視為新近

的瑪麗・麥卡錫（Mary McCarthy）——早她一輩的才女。桑塔格後來說，在一個派對上麥卡錫碰到她，打量之後，就冷言道：「妳就是那個模仿我的人！」但桑塔格聲言，她對麥卡錫的作品全無興趣（見桑塔格〈虛構的藝術〉一文）。

文化評論和小說大放異彩

　　一九六三年，桑塔格的第一本小說《恩人》（The Benefactor）出版。這不算她的成名作，然而已獲得名哲學家漢娜・鄂蘭（Hanneh Arendt）的激賞，讚美她為一位富於創意、師承法國文學的重要作家。

　　終於令桑塔格聲名鵲起的是她的評論。從法國結構主義人類學到日本科幻片到當代流行音樂，她筆鋒所及都得風氣之先，充滿睿智、卓見。一九六四年發表的〈關於「坎普」的札記〉（Notes on Camp）——追溯一個源自同性戀社群、進而滲入普及文化的感性——傳誦一時，三十多年後仍被美國新聞學會列為二十世紀一百篇最重要的文獻之一。

　　無疑，一九六六年結集的《反詮釋》（Against Interpretation and Other Essays）令她名噪一時，該書迅即成為大學校院經典。但她當然不是絕對地反對詮釋，只是反對當時兩大詮釋流派——馬克思派以階級和經濟基礎來判斷作品；另外就是佛洛伊德的心理分析被濫用。她認為自己是保護現實，因為作品本身也是現實，不應該讓詮釋——特別是壞的詮釋——破壞人與作品之間失去溝通。桑塔格被譽為「美國最聰明的女人」、「美國文壇的黑夫人」。當然，她那優雅、夠「酷」的外貌（曾經一度，她的標記是額上的

一絡白髮）也是她成為傳媒聞人的原因之一。此外，有人形容她是美國前衛藝壇的娜妲麗華（Natalie Wood，《西城故事》女主角）。

六、七〇年代之間，幾乎每部桑塔格文集都是一宗出版盛事。一九六九年《激進意志之風格》（*Styles of Radical Will*）面世，收錄了〈寂靜之美學〉、〈色情之想像〉，及（談法國新浪潮猛將）〈高達〉等重要文章。一九七七年的《論攝影》（*On Photography*）是探討攝影美學、影像文明及近代消費文化的先鋒作品，榮獲國家書評人評論組首獎。一九七八年的《疾病的隱喻》（*Illness as Metaphor*）肇自一九七五年間她與乳癌搏鬥的經驗。此書日後被女性國家書會列為七十五本「改變了世界的女性著述」之一。

電影與舞台劇多所著墨

七、八〇年代的桑塔格也拍電影及導演舞台劇，包括於一九八五年為米蘭‧昆德拉的《傑克及其主人》（*Jacques and His Master*）在哈佛大學劇場執導世界首演。她曾把普契尼（Puccini）的歌劇《托斯卡》（*Tosca*）和《西部的黃金女郎》（*La Fanciulla Del West*）都寫進她的《火山情人》和《在美國》裡面。見諸評論的還有德布西（Debussy）和華格納的歌劇（輯於《重點所在》文集內）。很自然，她也喜歡前衛歌劇（avant-garde opera），其中她似乎特別欣賞捷克作曲家楊納傑克（Janacek）的《馬克羅普洛斯案件》（*The Makopoulos Case*），她曾經說過希望導演這個歌劇劇中一個三百多歲的女人。

她拍過四部電影，《食人生番二重奏》（*Duet for Cannibals,*

1969）、《卡爾兄弟》（*Brother Carl*, 1971）、《許諾的土地》（*Promised Lands*, 1974）《無導之旅》（*Unguided Tour*, 1983），她不是重要的電影導演，可能她在寫作方面很早已成名，所以沒有機會在電影事業上發展。不過，我認為《食人生番二重奏》太概念化，太接近法國反小說，但徒有姿態而已；《卡爾兄弟》戲劇性元素不夠，演員再努力也徒然。但我非常喜歡《無導之旅》，這部電影根據她一個同名短篇小說改編，而其思維、文字與電影感的結合，可以歸類於高達的「電影散文」（Film Essay）傳統。彷彿是桑塔格在電影方面甫找到方向，又沒有繼續下去，明顯地，若她長期當導演，她會像高達，甚於柏格曼　。

回想起來，我在〈反後現代主義及其他〉中沒有紀錄她對法國小說《情人》作者，又兼為導演的莒哈絲（Marguerite Duras）的反感，大家都知道桑塔格喜愛艱深的作品，電影差不多愈長愈好——像她推介的西伯堡（Syberberg）的《希特拉》（*Hitler, a Film from Germany*）和法斯賓達（Fassbinder）的《柏林亞歷山大廣場》（*Berlin Alexanderplatz*）。她又一早提倡冗悶的美學（aesthetics of boredom），只差沒有人說是她捧紅所有「悶藝電影」的師祖。但她當時跟我埋怨莒哈絲的電影很「沉悶」，我也覺得莒哈絲的一些電影不太成功。無疑，《廣島之戀》是傑作，但莒哈絲是編劇，不是導演。莒哈絲自己執導的《印度之歌》（India Song）卻公認是對電影藝術有深刻革新性的作品。我當時對桑塔格說我喜歡《印度之歌》。桑塔格只悻然一句：「人人都捧《印度之歌》。」我當時感到她的一點「同行相妒」的好勝心。她當然有她人性的一面。

熱愛生命的人

一九八〇年出版了《土星座下》（*Under the Sign of Saturn*）文集之後，桑塔格多寫短文。一九八六年發表的短篇小說〈現世浮生〉（The Way We Live Now）又被譽為愛滋病文學中的一項傑作。凌厲的愛滋瘟疫終於令她在一九八九年發表論文〈愛滋病及其隱喻〉（AIDS and Its Metaphors）。此文可說是《疾病的隱喻》的延伸。日後〈愛滋病及其隱喻〉一文也收輯於《疾病的隱喻》一書，合為增訂本（一九九〇）。在《疾病的隱喻》中，她對疾病的看法也是走在時代前端，在七十年代不但化療未普及，而且人們對癌症抱有歧視，女人對自己患有乳癌更有羞愧的感覺。她在本書中，就是要掃除通俗文化對疾病的美化、醜化、神話化……，人們應該用最恰當的醫療方法去醫治疾病。她的《旁觀他人之痛苦》，批評當代法國的理論，例如尚・布希亞（Jean Baudrillard）派的社會景觀學說（society as spectacle），或影像謀殺現實的學說。她認為這些人對現實是紆尊降貴，不可以說電視上的新聞只是影像、媒體對於生活在優越環境中的人是影像，但對於那些活在當中身受其害的人卻是最迫切的現實。我認為她這「保護現實」的風格是一致的，因為她正如任何重要的批評家一樣，都要令人對作品或社會現象有新鮮的角度和感受。

桑塔格其實一直自視為小說家，《恩人》之後，在一九六七年出版了第二本小說《死亡工具套》（*Death Kit*）。中間拍了四部電影之後，相隔了二十五年後才出版了第三本小說——長篇的《火山情人》（一九九二），以十八世紀義大利南部的那不勒斯革命為

背景。這本小說又竟然登入暢銷書榜，成為她最雅俗共賞的作品。評家把她與法語歷史小說宗師瑪格麗特・尤瑟娜（Marguerite Yourcenter, 1903-1987）相提並論。

九〇年代末期，桑塔格第二度患上癌病，而她又重新克服病魔。在病榻之間，她完成了長篇小說《在美國》（*In America*）。雖然毀譽參半，此書依然獲得二〇〇〇年美國國家書卷獎。次年，桑塔格獲頒耶路撒冷獎，表揚其終身文學成就。她的文集《重點所在》（*Where the Stress Falls*）也是這年出版，收集她八、九〇年代的文章。桑塔格近年仍不竭推介她眼中受冷落的重要作家：例如十九世紀巴西小說家馬察道・迪・亞西士（Machado de Assis）被她追封為拉丁美洲第一文宗，阿根廷的一代宗師波赫士（Borges）在她的名單上退居亞軍。她讚美的東歐作者包括已故的塞爾維亞小說家丹尼路・紀區（Danilo Kis）及波蘭的韋托・剛布魯維奇（Witold Gombrowicz）；瑞士的羅勃・華西（Robert Walser）；以及二〇〇二年前於車禍喪生的德語文壇彗星史堡特（W. G. Sebald）。此外，桑也悉力推薦以一部傑作而享身後名的蘇聯小說家李歐納・柴波欽（Leonid Tsypkin，《杜思妥也夫斯基的夏天》〔*Summer in Baden-Baden*〕的作者）和墨西哥的璜・魯佛（Juan Rulfo，其小說《柏杜魯・巴拿毛》〔*Pedro Paramo*〕直接啟迪《百年孤寂》的誕生）。而年近七旬的她依然熟悉當代世界電影，予楊德昌、侯孝賢等亞洲導演評論上的支持。

獨立敢言

除了未得諾貝爾獎之外，桑塔格是當代文壇最受推崇的作家

及評論家。做為美國少數最觸目的公眾知識分子,她的言行更受注目。早在六〇年代,桑塔格已積極投入反越戰運動。她曾探訪河內及古巴,並撰文講述其旅遊經驗。一九七三年參觀文革末期的中國,但除了她早期寫成的、帶自傳成分的短篇小說〈中國之旅的計畫〉(Project for a trip to China)之外,未正式發表過文章披露其旅華經歷。她於〈反後現代主義及其他〉訪談中講述其中國之行的觀感,是頗為稀罕的記載。

　　桑塔格一直對中國的人權狀況相當關注。魏京生再度被捕之時,她曾參與聲援的紐約記者會。其講話後來發表於《紐約書評》雜誌。她也是海外華文文學人文雜誌《傾向》的編輯顧問之一。《傾向》主編貝嶺二〇〇一年回中國時曾受短期扣留,桑塔格亦於八個國家的報刊內撰文喚起公眾關注。貝嶺與筆者的某次談話中表示:他相信自己迅即被釋,與桑塔格的聲援有直接關係。

　　桑關注人權的紀錄絕對難以非議;近如二〇〇二年初伊朗女導演塔緬力‧米蘭妮(Tahmineh Milani)因為影片觸及回教國家內的女性處境而有被判死刑的可能。我把網上的一份抗議連署傳去,桑塔格也立刻把自己的名字加上去。

　　一九八七至一九八九年之間,桑曾是美國筆會主席。她的名字不斷出現在抗議政治迫害藝術家的連署名單上。但她自己的政治言論也觸怒了左翼的自由派陣營,例如一九八二年在一個支持波蘭團結工聯的座談會上,她形容共產主義為「披上人面的法西斯主義」。一九九三年她支持柯林頓轟炸科索夫(Kosovo)的文章,也令和平主義者咬牙切齒。

　　〈在塞拉耶佛等待果陀〉記載了她與危城同甘共苦的經歷,反

應著她主張美國軍隊干預的實際體驗。[3] 二〇〇一年她獲頒耶路撒冷獎又引起以色列裡外的爭論。首先，有人認為她不應該去以色列接受這個所謂「社會中的個人自由」獎項，因為以色列正在無情地鎮壓巴勒斯坦西岸。但桑指出，這基本上是一個文學獎，過去的得主包括昆德拉及美國小說家德利洛（Don DeLillo）等。駁斥西方批評家之同時，親往耶路撒冷接受獎項的桑塔格，又竟然在講辭中力陳：「……集體責任這一信條，用做集體懲罰的邏輯依據，絕不是正當理由，無論是軍事上或道德上。我指的是對平民使用不成比例的武器……我還認為，除非以色列人停止移居巴勒斯坦土地，並盡快拆掉這些移居點和撤走集結在那裡保護移居點的軍隊，否則這裡不會有和平。」

　　會場頓時噓聲四起，甚至有些觀眾立刻離場，而以色列的主流媒介則大為震怒。整件事件也許顯示這位女猶太作家對以色列——她曾於一九七四年拍攝了有關以巴衝突的紀錄片《許諾的土地》——愛之深責之切的態度。

　　美國國內的保守勢力對這位曾發表〈河內之行〉（Trip to Hanoi，收錄於《激進意志之風格》），又為古巴革命海報集寫序的女作家一直極不信任，雖然桑塔格後來的反共及主戰（拯救波士尼亞）的言論曾令右派一度釋然。但九一一紐約恐怖襲擊事件之後，桑塔格在《紐約客》的一篇短文卻掀起巨波。（輯於桑塔格歿後出版的文集《同時》，即將由麥田出版）文中她催促美國反省其中東政策，又指出傳媒把劫機自盡的恐怖分子形容為「懦夫」

3 劫後餘生的塞拉耶佛有個廣場及她曾使用過的劇院，於年前以她之名命名，以示倖存者
　對這位路見不平的美國訪客的悼念。

其實妄顧現實。為此，桑塔格招來無數責備，甚至被罵「叛國賊」。即是說，她有時主戰，有時反戰，有時罵左派，有時罵右派。所以有些人說她是流動箭靶（moving target），令左右兩派都抨擊她的言論。在她去世後，我發現美國左右兩派都各用自己的方法去演繹她的言論，例如早期克里斯多福・希欽斯（Chritopher Hitchens）的悼念文章，讚美她的反共言論，也特別強調她在《魔鬼詩篇》事件上的努力，藉以顯示她對狂熱的極端回教主權的抗拒──當然這是右派的看法。但從另一角度來看，桑塔格終生反對美國帝國主義，在我跟她的訪談中，她透露自己在蘇聯入侵捷克之前的數年，曾經相信反大美的共產政制，但之後便再沒有幻想。她甚至在八十年代，形容共產主義為「披上人面的法西斯主義」，當時引起很多左派人士反感。然而在她最後的一批文章裡，有一篇為當年托洛斯基的盟友，小說家維多・西區（Victor Serge）的小說《杜拿耶夫同志血案》（*The Case of Comrade Tulayev*）的新版本寫序。她重評西方知識分子與共產主義之間的這一段複雜、痛苦的歷史，是她最動人，最鋒銳的文章之一。

　　無可否認，桑塔格是「明星」作家，過去四十年來掌握著時代的脈搏，言行觸動著國際事件的敏感神經。雖然有批評家指責她善於自我宣傳，自捧為當世聖人及西方的良心。但她的創作及言論不斷挑戰我們對世局的反應。

　　（陳耀成，導演及文化評論家，曾編譯三本蘇珊・桑塔格著作）

旁觀他人之痛苦

1.

1938年6月，維吉尼亞・吳爾芙（Virginia Woolf）出版了《三畿尼》（*Three Guineas*）[1]，於這勇敢而不太受歡迎的書中，她思考了戰爭的根源。正式動筆卻是出版前那兩年。那段期間，吳爾芙的親眷及友朋作家都全神注視西班牙境內，正張牙舞爪企圖奪權的法西斯主義。一位倫敦的名律師去信問她：「依妳之見，我們如何可以制止戰爭呢？」此書正是她姍姍來

---

[1]「畿尼」是舊時英國金幣，合二十一先令。吳爾芙曾收到三個要求捐贈一畿尼的要求：1) 為一間女子學院建校；2) 為一個促進專業婦女就業的協會；3) 為阻遏戰爭、保存文化及知識的自由。《三畿尼》一書是她對這三個要求的回應，也是她的女性主義宣言之一。

遲的回覆。吳爾芙首先尖刻地點出，他們之間不可能有真率的對話。因為他們雖然身屬所謂「有教養」的同一階層，但彼此之間卻隔著一道難以逾越的鴻溝：律師是男人，她是女人。男人製造戰爭。男人（大部分男人）喜歡戰爭，因為「拚鬥實在出於某種男性的需要；他們可以從中尋得某種滿足，某種榮耀」。但女性對此並無特別感受，遑論快感。像她這樣一位有教養——即優裕，受權貴供養——的女人，能如何了解戰爭？關於戰爭之魅惑，她的抗拒與他的反應會有類似之處嗎？

讓我們測試一下「溝通困難」這一點吧，吳爾芙建議道：我倆不妨一起看看戰爭的影像。四面楚歌的西班牙政府當時正每星期寄發兩次戰災照片——她附註「寫於 1936～37 年冬天」。吳爾芙寫道：讓我們看看，「當我們看著同樣的照片，我們的感受是否一樣。」她續道：

今晨的一輯包括一個男人，或一個女人的遺體；那身軀如此慘遭蹂躪，是豬的屍體也說不定。但可以肯定有一些兒童的死屍在內；還有一棟房子的遺跡。房子的一壁被炸毀了，可以看到依稀曾是客廳的空間內掛著一個雀籠……

　　吳爾芙最快捷、最乾脆地表達自己內心焦躁的手法是：點出照片中血肉模糊、磚瓦凌散的物體難復辨認。然後，她迅速地抵達結論。她向律師說：「無論我們的教育及文化背景多麼不同」，我們的確是有類似的反應。她的證據是：「我們」——在此女人是「我們」——與你們都可能會因而說出類似的話：

　　先生，你們稱這些影像「驚怖與厭惡」。我們也認為它們令人驚怖與厭惡……你們說戰爭野蠻、令人噁心，需要不惜任何方法加以制止。我們也回應著你們的話。戰爭野蠻，令人噁心，必須要制止戰爭。

　　今時今日，誰會再相信人可以徹底消除戰爭？沒有任何人，甚至和平主義者也不相信。我們只希望（到今仍只是徒然而已）把種族大屠殺禁止；把侵犯戰爭律法——是的，戰爭也有參戰者需要遵守的律法！[2]——的重犯繩之於法；以及執行

2 近代的戰爭律法——拉丁文中的 jus in bello ——因1863年的國際紅十字會成立而獲

特定的協議，以取締武鬥。也許我們已難以相信當年——一次大戰爆發之後，當歐洲終於驚悟到那自掘墳墓的干戈之時——曾經鼓起的迫切決心。當然，譴責戰爭並非一定枉然，或一定徒勞無功。於1928年，美、法、德、義、日等十五強國曾經簽署了一紙名曰凱洛格－白里安公約（Kellogg Briand Pact）[3]的白日夢——列國嚴肅地宣布將放棄以戰爭做為執行國策的張本。1932年，佛洛伊德與愛因斯坦甚至曾經以公開信對談「世上為什麼有戰爭？」（Why War?）。吳爾芙的《三畿尼》出版之時，戰爭早經人聲鼎沸地譴責了近二十年，但此書仍有其原創性——這也是此書成為她著作中最不受歡迎的一冊的原因——她提出了許多人認為明顯得不值一提的一點：戰爭是男人

催生，並在1907年的「海牙公約」（Hague Convention）中達致雛形，內容包括白旗代表投降、參戰者必須穿著軍服、不得搶掠、不得虐待戰俘、有責任保護文物等等。相關討論都曾於最近的伊拉克戰爭中發生。一次大戰之後，紅十字會於1929年在日內瓦再度召集列國簽訂協議，內容包括不准使用毒氣等條款。

[3] 反對以戰爭做為國家政策手段的一項協定，1928年8月27日於巴黎簽訂，又稱巴黎非戰公約。公約中表明，國際間的爭執應以非武力的方式解決，但由於其中的幾項保留和例外，加上無具體的制裁力量可懲戒侵略國，使得這項公約並無實際功效。

的遊戲；而屠殺機器也有性別——是雄性的。吳爾芙筆下的
「世上為什麼有戰爭」也許有點蠻勇，但她在修辭中、在結論
裡、在不斷重複的語句中對戰爭所表達的憎厭之情，卻並未因
此而有任何離經叛道之處。戰爭受害者的照片本身已成為一組
修辭。它們重申。它們簡化。它們煽動。它們製造了達成共識
的幻覺。

　　吳爾芙提出了一份假設的共有經驗（「我們和你們看著同
樣的屍首，同樣的劫餘房舍」），她儼然相信這批照片的震撼力
不可能不把所有富於善心的人團結起來。但真能夠嗎？當然，
吳爾芙及這位收到（一整本書的）長信的收件人並非張三李四
而已。儘管吳爾芙提醒他，兩性之間累世的不同思感行事分隔
著他們，但這位律師並非一般的好戰魯男子。他的反戰言談與
她的同樣難以質疑。畢竟，他的問題並非：「妳」對防止戰爭
有何想法呢？而是：依妳之見，**我們**如何可以制止戰爭呢？

　　正是這個「我們」，讓吳爾芙在書首開門見山地挑戰質
疑：她拒絕讓對方把「我們」視為理所當然。但當她一頁一頁
地投注於她的女權主義觀點之後，卻在這個「我們」當中平靜
了下來。

　　然而在旁觀他人的痛苦之時，絕不能不加思索地把「我們」這個主體視為理所當然。

○

　　這些震撼人心的照片是瞄準哪一批「我們」呢？這個「我們」不只包括那些對某個弱小國家或無處容身的民族負死頑抗深表同情的人，還包括了一個更大的群體——那些只在名義上關注別國戰災的人。對那些傾向漠視而不想勞神的特權階層來說，這些照片是令事情變得「真實」（或「更真實」）的手段。

　　「在桌上，我們眼前是一些照片，」吳爾芙是這樣向讀者及那名虛幻的律師提出這思緒實驗（thought experiment），那名律師是位名字後面有 K. C.（King's Counsel，御用大律師）這簡寫的顯達名流，但是否實有其人則不得而知。試著想像你從包裝早報的大信封內抽出一批散疊的照片。上面印著成人及兒童被殘害的身軀。它們展示著戰爭如何把世上的建築騰空、打碎、截斷、夷平。「一顆炸彈把房子的一壁牆給炸通了，」吳爾芙如此描述一幀照片中的房屋。當然，城市並非以肉為牆。然而崩裂的建築物陳述慘況的能力幾乎能媲美街上的屍首。

（喀布爾〔Kabul〕、塞拉耶佛、東莫斯塔〔East Mostar〕、格洛
茲尼〔Grozny〕、2001年9月11日曼哈頓下城死寂的十六英
畝、葉寧〔Jenin〕難民營⁴……）照片說：看，這就是它的模
樣。**這**是戰爭所**作**。還有**那**，那是戰爭所為。戰爭撕、擰。戰
爭劈開、掏空。戰爭燒炙。戰爭肢解。戰爭**玉石俱焚**。

　若你不被這些照片刺痛，不對這些照片畏懼，若你不因而
設法中止造成這些殺戮災劫的遠因近由——凡是欠缺這類反應
的人，吳爾芙將視之為無道德良心的禽獸。而她認為，我們並
非禽獸，我們這些有教養的一群。我們的不足之處是想像力或
情感上的無法投入，我們無法於心智上掌握這現實。

　然而這些記錄平民遇害而非軍隊對壘的照片，真的只會激
發消兵折劍的意願嗎？它們當然也可能激勵西班牙共和國的戰
鬥意識。吳爾芙與這位律師似乎只是一廂情願地用這些陰慘的

---

4 喀布爾，阿富汗首都，此指2001年的阿富汗戰爭；東莫斯塔，波士尼亞戰爭的主
　戰場之一；格洛茲尼，車臣首都，此指1994～1996年俄羅斯與車臣之間的戰事；
　葉寧難民營，位於約旦河西岸，1948年由巴勒斯坦人建立的難民營，2002年4月
　以色列發動戰車和直升機對該鎮發動砲彈與飛彈攻勢，接著用戰車和推土機剷平該
　鎮的所有房舍，將整個難民營化為廢墟，即所謂「葉寧大屠殺」事件。

照片來強化他們之間已經存在的共識。如果把問題換成：我們如何能協助西班牙共和國抵擋法西斯主義的軍事進逼和理念上的侵犯？那麼這些照片可能會增強他們認為這是一場正義之戰的信念。

吳爾芙選來討論的這些照片，其實並不足以闡明一般戰爭的所作所為。這是一種較為特殊的戰鬥方式 —— 當時人常以「野蠻」來形容 —— 即以平民為打擊對象。佛朗哥將軍（General Franco）[5] 早於1920年間駐守摩洛哥為指揮官時，就把轟炸、屠殺、酷刑，以及殺害和傷殘囚犯等狠毒手腕千錘百鍊。當時，他的上級對此不甚干預，因為吃虧的都是殖民統治下那些膚色黝黑的異教（伊斯蘭教）徒；而如今，同樣的毒手終於用到同胞身上。看過這些照片之後，若和吳爾芙一般，只得出一個廣泛的反戰結論，那其實是抗拒介入西班牙這個國家的歷史。等於漠視政治。

對吳爾芙，對許多反戰的言論家來說，戰爭都是廣義的，

---

5 佛朗哥將軍（1892-1975），西班牙內戰中右派叛軍的領導者，在德義兩國法西斯政府的支持下，與西班牙共和政府展開對抗，並於1939年贏得內戰，成為西班牙的獨裁者。

她描述的影像也是無名的、廣義的受害者。這些由馬德里政府發傳的新聞圖片竟然沒附上說明，這似乎不太可能。（也許吳爾芙認為圖片本身就是最好的說明！）然而她的反戰論據並不在於何時何地誰殺了誰，單是無端而來的生靈塗炭就已足夠佐證了。可是對那些相信其中一方是正義的代表，另一方是不仁的壓迫者，而且戰鬥必須堅持下去的人來說，誰殺了誰正是關鍵所在。對以色列的猶太人來說，耶路撒冷下城史巴路（Sbarro）披薩店中一名身首異處的童屍照，首先是一幀被巴勒斯坦自殺炸彈客殺害的猶太兒童圖片。對巴勒斯坦人來說，一名在加薩（Gaza）被坦克車輾斃的兒童照片，首先是一幀被以色列軍隊殺害的童屍相。在參戰者眼裡，死難者是誰無比重要。所有的照片都靜候被文字解釋或扭曲。在最近一輪的巴爾幹戰爭初期，塞爾維亞及克羅埃西亞雙方竟用同一批照片——某個遭轟炸村落的童屍照片——各自進行宣傳講解。只要更改圖片說明，這些兒童遺體就可一用再用。

　　死傷平民及炸毀房屋的影像可以加深對敵人的仇恨，例如2002年4月，半島電視台（Al Jazeera）——位於卡達（Qatar）的阿拉伯衛星電視台——每小時重複播放的以色列摧毀葉寧難

民營的錄影片段。對全世界許許多多收看半島電視台的觀眾來
說，這個片段無疑充滿了煽動性，其中所訴說的以色列軍隊行
徑，沒有一樣不是觀眾早已深信不疑的。反之，任何與己方的
素有信念相違的圖片證據，都會遭到斥逐，視為在鏡頭前刻意
喬張的假象。見到己方暴行的佐證圖片時，最典型的反應是
說：圖片是捏造的，根本並無其事，那些屍首是對方用貨車從
停屍間運來放到街上的；或是說：是的，確實有這些暴行，但
那是對方做的，是他們自己人殺自己人。於是佛朗哥的國民黨
叛軍宣傳部長聲稱，是巴斯克（Basques）人自己於1937年4月
26日摧毀了自己的古都格爾尼卡（Guernica）[6]，是他們把炸藥
放到下水道之中（往後的一個版本是：巴斯克人用自己境內製
造的炸彈自毀城牆），藉此贏得國際公憤，挑起共和國的反抗
鬥志。而大部分的塞爾維亞人，不論於海外還是國內，甚至在
塞拉耶佛的圍城解劫之後，仍然聲稱，是波士尼亞人自己於
1992年5月先行製造了「食物救濟隊伍屠殺事件」（breadline

---

6 格爾尼卡，西班牙巴斯克地區的古城，1937年4月26日，佛朗哥將軍聯合支持他
　的德國軍隊對該城展開連續轟炸，造成上千人死亡，一星期後，畢卡索根據此事件
　畫了著名的《格爾尼卡》。

massacre），繼而在1994年2月炮製了另一起「市場大屠殺」（market massacre）[7]，是他們自己把大砲拖進首都市中心，還自行掩埋了地雷以刻意製造這些慘酷場面，好讓外國記者拍照，撩起國際社會對波士尼亞的支援。

　　屍骨不存的慘酷照片當然能如吳爾芙所示範的那樣，令反戰的遣辭更加生動迫切，甚至也能暫時為那些欠缺戰況經驗的人帶來一點實相。但那些接受現世為四分五裂而戰禍是不可避免的人，那些甚至相信有正義之戰這回事的人，他們會回答：戰爭照片根本無法做為廢除戰爭的證據，除非你認為參戰帶來的犧牲與光榮全無意義、不值欽佩。戰爭的摧毀力——當然不包括全盤的玉石俱焚，因為那是自殺而非戰爭——本身也無法做為反戰的論據，除非你認為所有暴力都欠缺理據（有少數人的確抱持這種態度），在任何情況下，暴力都是錯的——錯的原因是，如同西蒙・韋伊（Simone Weil）[8] 在她那篇談論戰爭的雄

7　食物救濟隊伍屠殺事件，1992年5月27日，一群波士尼亞平民在塞拉耶佛市中心排隊等待分配救濟食物時，遭到一枚塞爾維亞迫擊砲的攻擊，造成二十二人死亡。市場大屠殺，1994年2月5日，一枚塞爾維亞的迫擊砲在塞拉耶佛最主要的市集廣場爆炸，造成六十八人死亡，兩百多人受傷。

渾文章〈伊利亞德，力之詩〉（The Iliad, or The Poem of Force, 1940）中點出的，暴力令任何參與者都只淪為「物件」*。但，不，那些因為別無選擇才挺身拚鬥的人會反駁道：暴力會激發參與者殺身成仁或捨生取義的情操，將他們自我提升為英雄或殉道者。

　　遙遠地，通過攝影這媒體，現代生活提供了無數機會讓人去旁觀及利用──他人的苦痛。暴行的照片可以導引出南轅北轍的反應。有人呼籲和平。有人聲討血債血償。有人因為源源不斷的照片訊息而模糊地察覺到有些可怕的事情正在發生。誰能忘記泰勒‧希克斯（Tyler Hicks）那三幀彩色照片？刊登於《紐約時報》2001年11月13日專門報導美國最新戰役的每日特

8　韋伊（1909-1943），法國哲學家，出身富裕的猶太家庭，是一位具有宗教情操且身體力行的聖女型人物。著有《莊重與仁慈》以及談論戰爭與工廠生活的《壓迫和自由》等書。

*　韋伊雖然痛詆戰爭，但仍積極投入保衛西班牙共和國和對抗納粹德國的各項活動。她在1936年以非戰鬥志願軍的身分前赴西班牙，成為國際部隊的一員；1942年及1943年初，她雖然流亡倫敦並身罹惡疾，卻仍在「自由法國」（Free French）的辦事處工作，並冀望能加入一個特殊任務團重返淪陷的法國。（她於1943年8月在英國一家療養院中病逝。）

刊「被挑戰的國度」（A Nation Challenged）首頁。一連三幅的
圖片填滿了上半版，記錄著一名受傷的塔利班（Taliban）士兵
在某個壕溝內遭到正向喀布爾進逼的北方聯盟士兵拘捕。圖
一：戰俘被兩名北聯士兵一人抓臂，一人揪腳拖走。圖二（鏡
頭很近）：已遭包圍，他一臉惶恐，正被拉起站立。圖三：死
亡的一刻，他仰天躺著，赤裸的下半身染滿鮮血，聞風而來的
軍兵及暴徒痛下殺手把他解決了[9]。每個上午你都需要以極大
的自制力來看報上的記錄，因為那些圖片實在太易令人怨慟。
然而不論希克斯的照片激起了多少憎惡與憐憫，你都不該忘了
追問：還有哪些照片，誰的暴行，哪些死者，不曾被傳媒披
露？

○

　有一段頗長的時間，有些人相信只要把戰狀表達得夠猙
獰，大部分的人就可領會戰爭是多麼瘋狂，多令人齒冷。
　在吳爾芙出版《三畿尼》的十四年前，也就是 1924 年，

[9] 照片可參見 http://www.poyi.org/59/14/。

德國為第一次世界大戰全國總動員的第十週年，那位非常認真的反戰者恩斯特‧弗里德里希（Ernst Friedrich）出版了《對抗戰爭的戰爭！》（*War Against War!/Krieg dem Kriege!*）一書。這是一本把攝影當做震撼療法的作品：書中輯錄了一百八十多幀照片，大多來自德國的軍事及醫療檔案，其中不少是戰時的政府審查員認為不宜公開的。書首的照片是一些玩具士兵、玩具大砲，以及各地小男孩都很喜愛的其他玩意兒；結尾的照片則是一些軍人墓地。在玩具與墳場之間，讀者得經歷一段苛酷難耐的圖片之旅，目擊那長達四年的動盪、殺戮和屈辱：一頁又一頁傾頹的教堂和古堡，夷平的村莊、滿目瘡痍的樹林、中彈覆沉的客輪、破裂的車輛、被吊死的反戰市民、軍區妓院中的半裸娼婦、吸入毒氣的垂死軍士、瘦骨嶙峋的亞美尼亞兒童。《對抗戰爭的戰爭！》中所收錄的系列照片，幾乎張張都令人不忍卒睹，特別是那些堆疊在田野或道路或前線戰壕、分屬不同國籍、正在霉解腐化的士兵屍骸照片。書中最最令人髮指的一組圖片——這整本書的目的正是為了震嚇及壓挫讀者——收錄在「戰爭之面貌」那章，二十四張大特寫，展示著烙留在軍士臉上的可怕傷痕。弗里德里希沒有犯錯，沒有誤以為這些令

人酸楚噁心的照片能夠說明自身。他為每張圖片都配上四國（德、法、英及荷蘭）語言的激越說明，並一頁又一頁地譴責、嘲諷那惡毒的軍國主義意識形態。此書一出，政府、退伍軍人及愛國團體立刻群起攻之——某些城市的警察甚至到書店突擊搜查，並對公開展覽書中圖片祭出法律訴訟。然而弗里德里希的反戰宣言卻也贏得不少掌聲，左翼作家、藝術家、知識分子，以及無數的反戰社團，全都預言此書將對公眾輿論造成重大衝擊。迄至1930年，《對抗戰爭的戰爭！》已在德國重印了十版，並翻譯為多國文字。

1938年，《三畿尼》出版的同年，偉大的法國導演亞貝‧岡斯（Abel Gance）[10] 在新版的《我控訴》（*J'accuse*）的高潮場面中，以大特寫拍攝了那群隱遁不出、罕為人見的退役戰士，那群遭到戰爭毀容、殘肢害體的軍人，那組法國人戲稱的「破碎的臉」（les gueules cassées）。（早在1918～1919年間，岡斯曾以同樣的片名，為這部無與倫比的反戰電影拍了一個較原始

---

10 亞貝‧岡斯（1889-1981），法國電影大師，名作包括1926年的鉅製《拿破崙》（*Napoleon*）。

的版本。）和弗里德里希的書一樣，岡斯的影片也於軍人墳場中結束，這場戲不只為了提醒世人：1914至1918年間，有數以百萬的年輕人因為顢頇的政府及軍國主義，於這場被高呼為「終結所有戰爭的戰爭」中犧牲了寶貴性命；這場戲也為了做出神聖的審判，若死者地下有知，見到二十年後另一場戰爭正在迫近，想必也會用它來譴責歐洲那些政要與將領。「凡爾登的死者，你們起來吧！」，那名神經錯亂的退伍軍人大叫著，他是此片的主角，他接著以德語及英語重複他的召喚：「你們都做了無謂的犧牲！」然後那巨大的葬地上冒出了無數遊魂野鬼，面貌殘酷，軍服襤褸，四處竄逸，令那些摩拳擦掌，即將捲入一場全新的歐洲大戰的活人們驚惶失措。瘋子向無數活人喊著：「且以汝眼飽饕鬼怖！那是唯一能制止你的辦法！」活人的回報是把他也投入義士的行列，於是他也成為殉難鬼隊的一員：有如潮水般的魅影把怯懦的未來戰士及來日鏖戰的受害者擊倒了。只有世界末日的啟示錄能擊倒戰爭。

　　翌年，第二次世界大戰爆發。

2.

　　做為他國災劫的旁觀者，是一種典型的現代經驗，這經驗是由近一個半世紀以來一種名叫「記者」的特殊專業遊客奉獻給我們的。戰爭如今已成為我們客廳中的聲色奇觀。有關別處事件的資訊，即所謂「新聞」，重點都在衝突與暴力——「有血流，領先售」（If it bleeds, it leads）是小報及二十四小時新聞提要節目的指導方針。對那些逐一闖入眼簾的淒楚，人們的反應可能是怨憫、憤怒、認可，或覺得過癮。

　　早於十九世紀末，如何對川流不息的戰爭疾苦的資訊做出反應，已成為討論課題。1899年，國際紅十字會的第一任會長古斯塔夫‧莫尼耶（Gustave Moynier）曾寫道：

　　如今我們可以知悉世界各地每天發生了哪些事件……新聞記者逐日把戰場中的痛楚擺放於讀者眼前，讓他們的呼叫呻吟縈迴於讀者耳中……

　　莫尼耶想的是戰爭中各方的無數死傷，而紅十字會成立的目的正是要不分國界種族地舒緩這痛苦。克里米亞戰爭（Crimean War, 1854-56）之後出現的新式武器，如機關槍及後膛步槍等，令軍隊的殺傷力達到前所未達的凶狠程度。然而，儘管慘酷的戰況對只能在報刊上看到的讀者來說確實變得前所未有的逼真，但在1899年，聲言「可以知悉世界各地每天發生了哪些事件」，顯然是誇大之辭。即便到今時今日，我們可以即時耳聞目擊遠方的災痛，這說法依然過於誇大。新聞術語中的「世界」──「你給我們二十二分鐘，我們給你全世界。」這句話在紐約的某電台裡每小時重複好幾次──與真實的世界並不一樣，於地理上及題材上都是一塊非常狹小的地區，只是傳媒認為值得知道，並以簡短、強化的語氣報導出來的領域而已。

　　世人對某些戰爭慘況的知覺其實是建構出來的，而建構的

工具主要是攝影機記錄的照片。它於黑暗中亮起，經由許多人分享，然後從眼前消失。與文字記錄相反——文章是以其思想、典故和辭藻的複雜性去吸引小眾或大眾——照片只有一種語言，而且是說給所有人聽。

在那些最早有攝影記錄的重要戰爭中——克里米亞戰爭、美國內戰，以及第一次世界大戰之前的其他所有戰爭——戰鬥行為本身皆發生於攝影機的鏡頭之外。1914至1918年間發表的戰爭圖片，幾乎都由佚名攝影師拍得，這些照片——即使其中展示了某種恐怖和慘禍正在肆虐——多半是以史詩或全景（panoramic）模式拍攝，且通常是展露「劫餘」（aftermath）的戰況：戰壕劇鬥之後屍橫遍野的陰森大地；一次大戰過後法國農村滿目瘡痍的慘狀。要到數年之後，由於專業器材的急躍進步——萊卡（Leica）般的輕便相機，拍畢三十六次才需要更換的三十五釐米底片——才導致我們今天熟悉的攝影機可以在戰地到處查勘的情況。即使在激戰之中，也能拍照了，只要軍事審查員允許，攝影師可以貼近受害的平民或力竭襤褸的兵士獵照。西班牙內戰（1936-39）是現代所理解的第一場被目擊（「採訪」〔covered〕）的戰爭：一組專業攝影師於交戰前線及受

轟炸的市鎮內進行採訪，其作品迅即刊布於西班牙及海外的報章雜誌。美國入侵越南是第一場由電視攝影機逐日見證的戰爭，它在家庭生活與死亡和毀滅之間，建立了一種面對面的、既近猶遠的新關係。從此之後，現場直播的戰爭及屠殺就成為家中小螢幕上不盡長江滾滾來的經常性娛樂節目。要在不斷面對五花八門資訊的觀眾意識中，製造對某一特定衝突的一點宏觀，就必須每天把衝突的片段一而再再而三地不斷播放。今日那些未曾身歷戰爭之人對戰爭的理解，主要都是來自於這些影像的衝擊

　　通過攝影，某事件——對那些身在他方、將之視為「新聞」追蹤的人來說——變得真實。然而實地身經的大災難，卻往往詭異地像是一種再現（representation）。世界貿易中心在2001年9月11日遭到攻擊之後，許多在災場附近親眼目睹甚或死裡逃生之人，都形容那經驗「不真實」、「超現實」、「像一部電影」。（歷經四十年的好萊塢大型災難片的洗禮之後，「感覺像一部電影」似乎已取代了「感覺像一場夢！」，成為災劫倖存者用來形容一時之間難以消化的經歷的慣用語。）

　　連續不斷的影像（電視、電影、串流視訊〔streaming

videos〕）圍囿著我們，但要喚起我們的記憶，攝影卻更具切膚之效。回憶是定格（freeze-frames）式的，其基本單位是單一個別的影像。在這資訊氾濫的年代，照片提供我們一種領略某事的快速方法，一種記憶某事的壓縮形式。照片像一句引言、警句或成語，容易朗朗上口。我們每人的腦海中都儲存了千百張的照片影像，隨時可於瞬息間召回。舉西班牙內戰時期最著名的照片為例，羅勃・卡柏（Robert Capa）的鏡頭「攝下」（shot）[1] 的一刻，也是照片中的共和派軍官中槍倒地的一刻。大概所有曾聽說過這場戰爭的人，都可以從腦海中召出那幀微粒粗糙的黑白照，照中人身穿白衣，衣袖捲到臂彎，即將傾頹於斜坡之上，他的右手擺向身後，緊握的步槍快要鬆脫；他即將倒地，身死，塌疊在自己的身影之上。

　　這是個震撼人心的影像，而這正是我要點出的。新聞業徵召影像入伍，正是希望它能逮住人們的注意，令他們驚愕、意外。正如1949年創辦的《巴黎競賽》（*Paris Match*）[2] 的廣告口

---

1 英文中的shot，適用於「拍攝」及槍砲「射擊」，桑塔格這兒一語雙關。參考本書
　第四章關於戰爭美學家容格爾的討論。

2 法國通俗週刊，以時事論題和新聞照片聞名，廣受中產階級歡迎。

號：「文字的重壓，照片的震嚇」（The weight of words, the shock of photos）。對所謂戲劇性（dramatic）——他們常如此形容——影像的追獵，推動著攝影這行，在這個日益視震嚇為有價，為刺激消費之主要指標的文化裡，影像的狩獵已成常態。「美需使人驚厥痙攣，否則就不是美。」安德烈・布賀東（Andre Breton）[3] 如此宣稱。他稱這美學理想為「超現實的」，然而在這個遭功利觀急遽改裝的現世文化內，要求影像刺激一點、喧鬧一點、醒目一點，似乎更像是聰明的生意頭腦，甚或是根本的務實經營手法。除此之外，還有什麼辦法能讓人注意到你的產品，或你的藝術？尤其是在這個人們正面對不竭變化的影像，以及少數不斷重複之影像的時代，還有別的辦法能突圍而出嗎？震驚的影像與陳腐的影像是一體的兩面。六十五年之前，所有的照片都有某種程度的新奇性。（這是吳爾芙當年絕對意想不到的——她的相片曾登上1937年《時代雜誌》的封面——有朝一日，她的臉容竟會大量覆印於T恤、咖啡杯、

---

[3] 布賀東（1896-1966），法國詩人及理論家，早期是達達主義同路人，1924年發表《超現實主義宣言》，開創了一個重要的藝文運動。桑塔格這段引言出自布賀東1937年的名作《狂戀》（L'amour fou）。

書包、冰箱吸鐵和滑鼠板上。）在1936～37年那個冬天，暴行的照片還相當罕異：吳爾芙於《三畿尼》書中所提及的照片中的戰地風雷，幾乎帶有一點祕聞的意味。如今我們的情況完全不同了。我們那以攝影機為中介的戰爭知識庫裡，已無可避免地充斥著那些極為熟悉、深受讚嘆的關於災痛與劫難的影像。

○

自1839年攝影機發明之後，攝影便一直與死亡結伴同行。因為攝影機逮住的影像，實際上是某事物在鏡頭前的遺痕，所以與任何畫作相比，照片都是更好的紀念物，紀念已逝的往昔、已故的親朋。不過要捕捉死亡的過程卻是另一回事：只要攝影機還必須費盡力氣地拖拉、放下、架好，它能拍攝的範圍就仍備受局限。然而當攝影機從三腳架上解放出來，能隨身攜帶，再配以能抽近拉遠的各式鏡頭，讓攝影者能從某個距離外的優越位置鉅細靡遺地貼近觀察，攝影的地位立刻獲得提升，在傳達集體大屠殺的恐怖情狀上，其直接性與權威性都超乎任何文字敘述。若說攝影曾在哪一年擊敗了所有複雜的文字

敘述，取得為世人界定──而不只是記錄──所謂最醜惡的現實的權力，那肯定是1945年，那些照片包括該年4、5月間，於剛獲解放的柏根比爾辛（Bergen-Belsen）、布痕瓦爾德（Buchenwald）和達豪（Dachau）等集中營拍攝的照片，還有該年8月初，廣島長崎被原爆焚炙之後，由山端庸介（Yosuke Yamahata）等見證者所拍的浩劫餘生照。

　　震嚇的時代──對歐洲而言──早在之前三十年，也就是1914年，就已來臨。在那場大戰（Great War）4──有一段時間當時人是這樣稱呼它──爆發的頭一年，許多人們向來視為理所當然的信念，忽然變得危脆不堪，甚至難以捍衛。參戰諸國深陷於無法自拔的自殺式毀滅戰鬥──特別是西線壕溝中無日無之的對壘殺戮＊。許多人都說這夢魘無法以文字形容。1915年，在《紐約時報》上做出下面這段聲明的不是別人，正

4 即第一次世界大戰，在第二次世界大戰爆發之前，歐洲人一直以「大戰」稱呼1914～1918年那場戰事。

＊ 1916年7月1日，索穆河會戰（The Battle of the Somme）爆發的第一天，就有六萬名英國軍士死傷於戰場──其中的三萬傷亡發生於開戰半小時內。在四個半月的血戰中，雙方折損十三萬將士，結果是英法的陣線向前殺出五哩。

是亨利‧詹姆斯（Henry James）這位滔滔不絕的魔術師，這位善於把現實世界縷結為綿密精麗的文字繭的大師：「在這危急存亡之際，運用文字就像維持思考那般困難。戰爭耗盡了文字，它們變得衰弱，它們正在退化……」華特‧李普曼（Walter Lippmann）在1922年寫道：「照片對今人想像力的威信，一如昨日的印刷文字及更早的口語。照片的確恍如真實。」

　　照片的優勢在於它結合了兩個徹底相反的特色。一方面，它們的客觀性是「與生俱來」（inbuilt）的。然而它們又總是、必然會有一個觀點。它們是真實事物的記錄，這點顯然是任何再怎樣持平的文字描述都無法冀及的，因為負責記錄的是一部機器。然而它們又是對真實事物的見證，因為必須有個人帶攝影機去拍攝。

　　據吳爾芙的說法，照片「不是一套論述；它們單純是一組有關事實的粗糙陳述，給肉眼的陳述」。但其實它們一點也不「單純」，而且不論吳爾芙或任何人，當然也都沒把照片單只視為「事實」。因為吳爾芙立刻補充道：「眼連著腦，腦連著神經系統。這系統瞬息之間就把訊息傳遞給往昔的回憶及當前的

感受。」她這小小的花招，立刻把照片變成既是客觀記錄又是個人證辭，既是對某一時刻的現實狀況的忠實複寫或謄抄，又是對那個現實的詮釋——就這點而言，這是文字長久以來不斷追尋卻始終無法達到的境界。

強調相機拍照的證據功能的人，把拍照者的主觀意欲這問題偷偷抽走。因為面對有關暴行的攝影時，人們期待的是見證的重量，而非藝術的玷污——藝術在此等同於虛偽或矯飾。記錄人間地獄的照片，若看來不像是在「恰當的」燈光或構圖下拍成的，其可信度便會增加，因為拍照者若非業餘人士，就是——同樣吻合觀者期望的——採用了某種常見的反藝術慣技。一般認為，藝術手段愈粗糙，造假性就愈低——現時所有廣泛流傳的災痛照片都得承受造假之疑——也較能避免輕率的憐憫或認同。

技法較不圓熟的照片因為具有特殊的真切性而廣受歡迎，有些甚至可以與最佳的照片一爭長短，因為評價一幀照片夠不夠難忘、夠不夠具說服力的標準實在太過寬鬆。這點可以從最近一場典範性的攝影展得到闡明。2001年9月底，曼哈頓蘇活區的某些店面舉辦了一項記錄世貿中心被襲的圖片展。這展覽

有個深獲共鳴的名稱，《這裡是紐約》（*Here is New York*），展覽的主辦人發出一份公開邀請函，歡迎任何人——專業及業餘攝影師——把他們攝下的世貿災情照片帶來展出。一兩個星期之內，主辦單位就收到一千多封回應，他們從每位提供照片的民眾那裡選出至少一張作品展出。這些照片既沒文字說明，亦無攝影師的名字，它們全都獲得展示，有些懸掛於兩個窄窄的房間之內，有的收錄在電腦螢幕（和展覽網站）的幻燈秀中，並製成高質素的噴墨印刷品出售，每幀照片的價格一律是低廉的二十五美元（收入捐贈給某個協助 911 罹難者子女的基金會）。要到買了圖片之後，顧客才知悉他購買的究竟是出自紀爾・佩雷斯（Gilles Peress，該展覽的籌劃者之一）或詹姆士・拿克狄威（James Nachtwey）等當代攝影名家之手，還是某個退休女教師從她格林威治村公寓的窗口，以一部便宜的傻瓜相機所拍下的世貿北座傾塌情景。這項展覽的副題「民主的照片社會」（A Democracy of Photographs）暗示：某些業餘拍攝的作品是可媲美參展的老行尊。事實也的確如此——這證明了攝影的某些特質，就算未必能推廣文化的民主化（cultural democracy）這類課題。攝影是所有重要藝術之中，唯一一門專

業訓練及年資不一定能壓倒業餘新手的藝術類型。這現象有多重成因，包括拍照很大的程度仰賴機緣（或運氣），以及人們特別偏愛自然、粗糙和技術有缺的照片。（其他藝術媒介就沒有這層優勢，例如文字創作很難僥倖，圓熟的文筆不可能備受指斥；又如表演藝術，藝人確切的成就端賴每日不懈的艱辛鍛鍊；再如電影，其創作原則還不致如當代大部分的藝術攝影那般，被反藝術的歧視所攻佔。）

　　無論照片被視為稚拙的物件還是專業老手的創作，其意義——以及觀者的反應——端賴於點明或誤導的文字。不過這項展覽的籌劃概念、時間、地點，乃至虔誠大眾，使它不在此例。2001年秋季，那些在王子街（Prince Street）上莊重地等候數小時以參觀《這裡是紐約》的紐約客，並不需要圖片說明。他們對圖片中的景象簡直太熟悉了——那一棟棟大廈、那一條條街道、那火焰、那瓦礫、那恐懼、那虛脫、那哀慟。但當然，有一天，這些圖片會需要說明。錯誤的閱讀、顢頇的記憶，以及套用在這些圖片上的新意識形態，都將令情況有別。

　　通常，若觀者與照片的題材有某種距離的話，照片在「說什麼」（says）可以有多種解讀。但最終，人們會把照片解讀成

它**理應**被陳述的內容。把一個木無表情的臉部的長鏡頭與一些蕪雜的片段——如一碗熱氣騰騰的湯、一名躺在棺木中的女子，或一名正與玩具熊玩耍的孩童——穿插剪接，結果將使觀眾對該名演員的表情之微妙、多變嘖嘖稱奇。這是 1920 年間，世界第一位電影理論家拉夫・庫列雪夫（Lev Kuleshov）於他莫斯科工作室裡所做的著名示範。觀看靜照時，我們總會把我們所知悉的與該題材相關的戲劇情節連結上去。大衛・西摩（David Seymour，外號詹〔Chim〕）[5]那張常被複製的照片〈土改會議，西班牙，埃斯特雷馬度拉，1936〉（Land Distribution Meeting, Extremadura, Spain, 1936），拍了一名懷抱嬰兒的憔悴女子昂首望天（凝重地？忐忑地？），此照經常被引用來顯示某人驚懼地打量天空上是否有攻擊機的蹤影。這名女子和她周遭人物的表情彷彿充滿著焦慮不安。回憶，根據其需要，把影像的涵意更動了，詹的這張照片再不是象徵它所描述的那個事實（一場在內戰爆發前四個月所舉行的露天政治集會），而是

---

5 西摩（1911-1956），知名的新聞攝影記者，1930 年代後期開始，採訪了許多重大的政治事件，他所拍攝的西班牙內戰照片，特別是戰爭對一般老百姓影響的照片，受到廣泛的重視。文中所提的這張照片，可參見 http://icp.org/chim/chim2.html。

象徵西班牙境內那即將發生並引起廣大回響的重大事件：歐洲
史上第一次空襲成為戰爭武器的事件，唯一目的就是要徹底摧
毀城鎮村落的空襲＊。是回憶令詹的此幀照片充滿象徵寓意。

＊ 佛朗哥於內戰期間的諸般獸行中，以這類空襲——大部分是由「禿鷹隊」（The
Condor Legion）負責執行，那是希特勒派去援助佛朗哥的空軍單位——最令人難
忘，並在畢加索的名畫《格爾尼卡》中得到紀念與控訴。然而這類空襲早有先例。
第一次世界大戰時期，德國便曾向倫敦、巴黎和安特衛普等城市做過幾次殺傷力不
大的間歇式空襲——最初是用齊伯林飛船（Zeppelins），接著改用飛機。然而遠較
這類空襲更為毒辣的，是歐洲各國對殖民地所進行的轟炸行動，首開其端的是1911
年10月義大利戰機對的黎波里（Tripoli，利比亞首府）附近的攻擊。比起維持龐大
駐軍所需投入的高昂經費，這是一種更經濟的選擇，英國政府很喜歡用這種所謂的
「制空戰術」來整治那些較為騷亂難治的屬地。伊拉克就是其中之一。在一次大戰
結束、鄂圖曼帝國隨之瓦解之後，伊拉克（和巴勒斯坦）便成為英國的戰利品之
一。1920至1924年間，新成立的英國皇家空軍（Royal Air Force, RAF）經常對伊拉
克村落展開轟炸，目標通常是當地叛軍可能躲藏的偏遠村落。一位RAF中校的戰略
大綱上寫著：「空襲日以繼夜的進行，向房屋、居民、農田和牛隻投彈……」
　　平民遭到空襲屠殺之所以會在1930年代引起公憤，是因為那是發生在西班牙，
因為這類事件不該**在此地**（譯註：即歐洲本地）發生。正如大衛‧瑞夫（David
Rieff）所指出的，類似的情感令世人注意到1990年代塞爾維亞人在波士尼亞境內犯
下的暴行，從戰爭早期諸如奧瑪士加（Omarska）之類的死亡集中營，到史雷布倫
尼加（Srebrenica）大屠殺——在聯合國保護部隊的荷蘭軍隊棄守之後，該城向穆拉
狄奇（Ratko Mladic）將軍投降，城內大部分未能及時逃走的男性居民（總數超過
八千多人的成年及兒童）全部遭到圍剿、槍殺，然後拋入巨大的亂葬崗內。這類事
件不該在此地、「**再也不該**」在歐洲發生。

不久之後，空中果然潛伏著這類會把炸彈投到類似照片裡那些無地農民身上的戰機。（再看一次這位哺乳的母親，看她皺著的眉、瞇著的眼、半張的唇。她看起來還像是焦慮不安嗎？抑或更像是陽光射到她的眼睛才令她細瞇著眼？）

吳爾芙把她收到的照片視為一扇俯瞰烽煙的窗子：可一目了然地看到其對象。吳爾芙顯然對每張照片皆有其「作者」——攝影呈現了**某人**的觀點——這點不感興趣，雖然矢志對戰爭及戰爭之殘暴以攝影機做個人見證的這職業，正在1930年代末期應運而生。以往，戰爭攝影通常只出現於日報或週報當中（報紙從1880年開始刊登照片）。慢慢的，在那些使用照片做為插圖的老牌通俗雜誌——如創辦於十九世紀末的《國家地理雜誌》和《柏林畫報》（*Berliner Illustrierte Zeitung*）——之外，銷量龐大的週刊也開始加入市場，特別是法國的《觀點》（*Vu,* 1929）、美國的《生活》（*Life,* 1936）和英國的《圖片郵報》（*Picture Post,* 1938），這些週刊全是以圖片（連同圖片旁邊的簡短說明）及「圖片故事」（picture stories）為主，這些圖片故事至少會使用同一位攝影師的四或五幀圖片，續以一篇可令圖片更富戲劇性的報導。相對而言，報紙的做法則是以圖片——通

常只有一幀——來配合報導。

此外，在報紙上，戰爭照片四周總是繞滿文字（包括照片所指的報導和其他文章），然而在雜誌上，它則多半會與某幀推銷商品的影像並排，競奪讀者的注意力。當卡柏那張共和軍士兵的死亡瞬間照於1937年7月12日在《生活》雜誌上登出時，佔據了右頁整版，然而與它相對的左頁，卻是一則男性潤髮膏「活力霜」（Vitalis）的全版廣告——畫面中有一名男子打網球的小幅圖片和同一名男子的大幅肖像——他身穿白色晚禮服，一頭分線俐落、服貼、潤滑的頭髮*。這組跨頁——攝影機各歸各的運用，儼如對對頁的影像視而不見——如今看來不只怪異，甚至有種奇特的陳舊感。

在一個影像極需複製、極需傳播的體制內，人們需要明星目擊者——他們因驍勇捍猛地獵取令人不安的重要照片而名聞遐邇——來見證事物。《圖片郵報》在很早的一期（1938年

---

* 卡柏那張早已備受欽崇的照片，（根據他的說法）拍於1936年9月5日，最初刊登於1936年9月23日的《觀點》週刊，當時這張照片下方是另一名共和軍士兵墜地的照片，那名士兵站在山坡上的同一地點，右手中的步槍已然鬆脫拋離，拍攝的光線和角度與第一張完全相同，這幀照片從來不曾轉載過。第一張照片很快又在《巴黎晚報》（Paris-Soir）中出現。

12月3日）裡，為卡柏的西班牙內戰圖片做了個專輯，並以這位英俊攝影師的大頭照做封面，他側向著鏡頭，正把一部攝影機舉到臉上[6]，下方寫著：「世上最偉大的戰地攝影師：羅勃・卡柏。」對那些平和、不好鬥的人來說，戰地攝影師承繼了參戰依然具有的光華，特別是當這場戰爭是那些痌瘝在抱之人覺得不能袖手旁觀的少數衝突。（波士尼亞戰爭，於西班牙內戰結束將近六十年後，在那些曾經困住塞拉耶佛的記者胸中，挑動了類似的路見不平的心情。）1914～18年那場大戰是個巨大的錯誤，這點許多戰勝國都心知肚明，相反的，第二次「世界之戰」卻一致被勝方視為一場必要且必需的戰爭。

　　攝影新聞業於1940年代初──戰爭時期──成形。這是現代戰史中爭議最少的一場戰事，1945年戰亂結束時，納粹黨的邪惡全盤於世人眼前展現，更加確認了這是一場正義之戰。這場戰爭賦予應運而生的攝影記者一種新的正當性。攝影於兩次大戰之間並不乏嚴肅的目標，像弗里德里希的《對抗戰爭的戰爭！》，或卡柏的早期照片──卡柏是那一整代投入政

6　文中所提的封面照參見 http://www.warchronicle.com/journalists/capa.jpg。

治、專注戰爭及其禍害的攝影家中最受稱道的一位。然而上述
照片背後的左翼異見，於這攝影新聞的時代裡卻幾乎毫無地
位。這股新現的自由派主流共識認為：嚴竣的社會問題是可以
被駕馭的，在這股思潮的影響下，攝影師的生計及獨立性等議
題也變得觸目起來。於是我們看到卡柏及一些攝影朋友（包括
詹及亨利‧卡蒂埃－布烈松〔Henri Cartier-Bresson〕）於1947
年在巴黎組織了一個合作社，名為馬格南攝影圖片經紀社
（Magnum Photo Agency）。促成馬格南的目標很切實：成為勇
於涉險的自由攝影師的代理人，與聘用他們的圖片雜誌進行交
涉。它很快就成為最著名且最富影響力的攝影記者聯盟。馬格
南的憲章，就像戰後新成立的許多國際組織和協會一樣，充滿
道德訓誨意味，仔細闡述了攝影記者所肩負的使命如何任重道
遠：摒除沙文主義的偏頗，以公正的態度目擊記錄身處的時
代，不論戰亂或和平。

　　通過馬格南的聲音，攝影師出師有名地成為一個全球性的
事業。攝影師的國籍或其身屬的新聞機構的國籍基本上已無關
宏旨。攝影師可以來自任何地方。他或她的採訪範圍是「這個
世界」。攝影師浪跡天涯，不尋常的戰爭（因為有為數不少的

戰爭）是他們偏愛的目的地之一。

　　然而戰亂的回憶，像所有的回憶一樣，主要是地區性的。亞美尼亞人如今大部分已流散異鄉，然而他們仍活生生地記憶著1915年發生於亞美尼亞的大屠殺；希臘人也不曾忘卻1940年代末期的血腥內戰。但一場超出其直接觀眾並贏得國際注視的戰爭，就需要有點與眾不同、可代表戰鬥雙方利益衝突以外的東西。大部分戰爭都無法達致這種更充足的必要意義。例如廈谷戰爭（Chaco War, 1932-35），這場戰爭發生於玻利維亞（人口一百萬）與巴拉圭（人口三百五十萬）之間，兩軍總計屠宰了十萬將士。採訪此戰的是一名德國攝影師威利・魯基（Willi Ruge），但他那些卓越的戰役大特寫照片早如這場戰爭般被人遺忘。然而1930年代下半葉的西班牙內戰，1990年代中葉塞爾維亞及克羅埃西亞對付波士尼亞的戰役，還有自2000年開始急遽惡化的以巴衝突——這類對抗保證會引來眾多攝影機的圍伺，因為它們都具有更廣泛的抗爭意義：西班牙內戰對抗的是法西斯主義的威脅，同時（如今回顧）預演了那場即將來臨的歐洲或「世界」大戰；波士尼亞代表了一個羽翼未豐的南歐小國，為了保持其獨立地位和文化的多元性，而與該地區

的霸權及其新法西斯主義式的種族淨化政策展開血戰；而至今兵戈未息的以巴領土主權及管理之爭，更是牽動著一連串的引爆點：累世以來見仁見智的猶太英名或臭名，納粹滅族所引起的特獨回響，美國給予以色列的關鍵性支援，還有以色列政府以種族隔離政策毫不留情地管轄著自1967年以來攻佔的土地。同一時期，更慘酷的戰爭也在別處發生，平民不絕地遭到來自地上或空中的武器殲戮（蘇丹連綿二十載的內戰；伊拉克整肅庫德人；俄羅斯進攻及佔領車臣），但這些戰災相對而言卻不常出現在鏡頭之下。

　　1950、1960及1970年代初期，優秀攝影師所記錄的令人難忘的苦痛地域，大部分位於亞洲或非洲──華納‧畢修夫（Werner Bischof）的印度饑荒照；唐‧麥庫林（Don McCullin）拍攝的比亞法拉（Biafra）[7]饑饉；以及尤金‧史密斯（W. Eugene Smith）鏡頭下遭受環境污染毒害的日本漁村受難者[8]。

---

[7] 比亞法拉，奈及利亞境內一塊追求獨立的地區，1968年該區的伊博格族（Ibgo）試圖脫離奈及利亞建立獨立的比亞法拉共和國，內戰進行了三年，最後以失敗收場。內戰期間，由於奈國政府有組織地破壞農作物的收成和糧食供應，造成大約一百萬人民死於饑荒。

印度與非洲的饑饉都不是「天災」，而是滔天的人禍，而在日本水俁市發生的也是明顯的罪行：窒素公司（Chisso Corporation）明知它把充滿水銀的廢物排入海灣之中。（史密斯於該地拍照一年多後，窒素公司的惡徒為禁止他繼續拍攝而痛下毒手，令史密斯終身殘廢。）然而戰爭仍是最大的罪行，自1960年代以降，大部分最著名的攝影師都認為他們的任務是披露戰爭的「真」面目。自1962年開始，由賴瑞・布羅（Larry Burrows）拍攝、刊登在《生活》雜誌上的彩色系列照片——悲痛的越南村民，傷重的美國軍士，無疑支撐著反對越戰的咆吼。（1971年布羅與另外三位攝影師搭乘同一部美國軍用直升機在寮國的胡志明小徑上飛行，結果因機身中彈而殉難。《生活》雜誌於1972年停刊，包括我在內的許多人都很沮喪，因為它陪著我們

8　這裡指的是發生在日本水俁市的汞中毒事件。水俁市是位於熊本附近的一個小漁村，1907年窒素化學公司進駐設廠，開始發展成一個小型工業城鎮。窒素公司自1925年起開始將含有水銀的廢料倒入附近海灣，造成環境污染，許多居民因為食用海魚而將毒素帶入體內而不自知。1950年代中期水俁市居民開始染上怪病，出現多種神經中毒的症狀，後來在多方調查之下，歷經將近十年才證實了這起污染公害事件，窒素公司並於1969年開始為此事接受審訊。史密斯為報導這起事件，與該村村民一同住了四年半，並吃著一樣的食物，喝著相同的水，成為村民的鄰居。他於1972年將結果公布在《生活》雜誌上，引起全世界對於公害的重視。

一起長大，那些令人眼界大開的有關戰爭與藝術的圖片，教育了我們一整代。）布羅是第一位以彩色照片記錄一整場戰爭的重要攝影家——彩色照片令效果逼真，令震嚇作用更上層樓。於當前的政治氣候下，亦即數十年來最好戰的時刻，以往那些蘊含著顛覆軍國及帝國主義意味的雙目空洞的美軍照片，可能變得有崇高的啟發性。新版主題是：尋常的美國青年在幹著一些不快、但令人敬佩的職責。

今天，除了曾聲言不再發動戰爭的歐洲之外，事實依然沒變：大部分人仍然不會質疑政府發動或繼續某場戰爭的論據。總是要有非常特殊的情況出現，某場戰爭才會變得不受國民歡迎。（反對的原因並不一定是因為個人的生命安危受到威脅。）一旦這種時刻來臨，攝影師收集而來的資料就會發揮巨大作用，因為人們會認為那些照片揭露了衝突的真相。但假使空氣中缺乏這種反戰情緒，同樣的反戰照片恐怕就會被解讀為正表達著一場不可避免的、非勝即敗的戰鬥中的悲涼與英烈——值得肅然起敬的英烈。攝影師的意圖無法決定照片的意義，照片自有其生命歷程，會隨著不同社群的需要，隨著其忽發的奇想或鍶不可破的忠誠而飄流。

3.

抗議災痛的意義為何？與承認這災痛有何區別？

受苦受難的肖像可說源遠流長。苦難最常被表呈為人禍或天譴的產物。（因天然原因而致的人類苦難，像疾病或生育，很少於藝術史上得到表呈；至於描繪因意外而招來的苦楚，更是絕無僅有——簡直像這世上沒有因橫禍或無妄之災而來的痛苦這回事似的。）勞孔（Laocoön）[1] 及其二子被巨蟒纏身的塑像，無數耶穌受難的圖畫、塑像，以及基督教諸聖慘酷的殉難百態——這些無疑都是蓄意的觸撫、刺動、指引與示範。觀者

---

[1] 希臘神話中的祭師，警告特洛伊人不要失陷於希臘人的木馬屠城計而觸怒天神。

可能會悲憫受難者的苦楚——面對諸聖殉道像時，可能會因聖人的信仰與堅毅而受啟發，或自慚形穢——但聖者的命運不容世人置喙或哀悼。

　　人對身體受苦之圖畫的嗜好似乎與裸體畫一樣強烈。許多世紀以來，在基督教的藝術中，地獄圖似乎饜足了不少觀者的這種雙重快感。有時候，也可能假借聖經中的砍首軼事（霍羅夫倫斯〔Holofernes〕[2]，施洗者約翰），或大屠殺傳說（耶路撒冷新生的希伯來男嬰，一萬一千名童貞女），或這類有著深仇大恨結局的真實歷史事件。其實早在上古時期，就有一整套令人不忍卒睹的殘酷題材——異教神話甚至比基督教故事更能滿足五花八門的口味。對於這類凶殘境況的表呈，人們並未貼上什麼道德良心的譴責。它們只不過要挑釁：你敢看嗎？能夠毫不畏縮地觀看可予人一份滿足。不敢看的畏縮又是另一種快感。

　　看到高爾濟厄斯（Hendrik Goltzius）[3]的版畫《龍吞噬了卡

---

[2] 根據古希伯來次經（Apocrypha）《猶滴傳》的記載，霍羅夫倫斯是亞述王手下的將軍，帶兵襲擊猶太城，寡婦猶滴（Judith，希伯來語中意為猶太女子）以豔色誘殺將軍，把首級帶回城中。

德默斯的友伴》（ *The Dragon Devouring the Companions of Cadmus* ）[4]
中那張被咬掉頭顱的人臉而感到不寒而慄，與看到一幀照片中
某位一次大戰的士兵被流彈炸去半邊臉而感到不寒而慄，這兩
個反應並不一樣。前者的恐怖感是寄託在一個複雜的題材——
風景中的人物——之上，這題材展露了畫家的精準眼光與高超
技法。後者卻是一部照相機的近距離記錄，記錄一個真有其人
的士兵所遭受的難以言喻的可怖摧殘，只此而已，別無其他。
根據想像虛構的恐怖畫面當然可以震撼人心（比方說我就無法
觀看提香〔Titian〕所繪的活剝馬西亞斯〔Marsyas〕[5]，同類題
材的畫作我也看不下去）。然而面對一宗真實恐怖事故的大特
寫，除了震慄之外，還有一份恥辱。也許唯一有資格目睹這類
真慘實痛的影像的人，是那些有能力舒緩這痛苦的人——像是
拍照所在地的戰地醫院的外科醫師——或那些可以從中學習的

3 高爾濟厄斯（1558-1617），荷蘭巴洛克時期的著名版畫家。文中所提的版畫可參見
　http://www.univ-montp3.fr/~pictura/GenerateurNotice.php?numnotice=A2397。
4 希臘神話中卡德默斯因殺了一頭護泉聖龍而遭厄運。女神雅典娜叫他把龍牙撒到地
　上，結果長出了一批凶悍的武士，即底比斯（Thebes）人的祖先。
5 希臘神話中，半人半獸的森林之神馬西亞斯向阿波羅挑戰，比試誰是吹笛無敵手，
　結果繆思宣布馬西亞斯落敗，阿波羅立刻把這尋釁者剝皮剁死。

人。其餘的我們，不論是否刻意如此，都只是窺淫狂罷了。

　　每一次，這類令人毛骨悚然的影像都邀請我們做出選擇：成為旁觀者，或把視線移開的膽小鬼。那些有膽瞧下去之人所扮演的觀者角色，經由許多偉麗的描摹苦痛的作品所授與。痛楚是藝術的經典題材，常在畫作中再現為某種景物，讓旁人注視（或忽略）。其不言之喻是：不，痛苦是不能停止的——那些混合了心不在焉與全神貫注的旁觀者，正強調此點。

　　在影像的歷史上，把披露凶殘的苦難當做譴責或制止暴行的做法，是隨著一個特定主題一起出現：平民遭受勝利軍隊的蹂躪。這是一個標準的俗世題材，於十七世紀出現，當時列強競逐所帶來的板盪世情成為藝術家的素材。1633年雅克‧卡洛（Jacques Callot）出版了一組十八幅的蝕刻銅版畫，題為《戰爭之不幸與不仁》（*Les Misères et les Malheurs de la Guerre*），畫中描繪了法軍在1630年代早期入侵和佔領他的故鄉洛林（Lorraine）時，塗炭生靈的種種醜行。（卡洛在此之前曾針對同一題材繪製過六幀小型作品，這些作品要到1635年，他逝世那年才得以出版。）這些作品的畫面既深且廣，背景浩大、人物眾多，每幅畫作的說明都是嗟嘆武劫與厄運的沉重詩句。

卡洛以一幅募兵圖開始，陸續展示了血戰、屠殺、劫掠、輪姦、各式刑具（吊刑架[6]、絞刑樹、步槍隊、火刑柱、輾刑輪）、農民的復仇反擊，以及最後的分贓等圖像。這種以一幅幅圖版鍥而不舍地描摹戰勝軍暴虐的做法，不僅令人駭愕，也是首開先例。法國士兵是這些狂暴場面不容置疑的元凶，然而卡洛所秉持的基督教人文主義精神不只為洛林這塊公爵領地的失陷而悲慟，還記錄了戰後那些赤貧軍士的苦況──他們蹲於道路兩旁，討飯行乞。

　　卡洛之後，有一些畫家承其傳統，如一名較次要的德國畫家漢斯・悠力區・法蘭克（Hans Ulrich Franck），他於1643年，三十年戰爭（1618-1648）末期，開始創作二十五幅銅版畫，描繪軍兵殺農民的場面（完成於1656年）。然而要到十九世紀早期，西班牙大畫家哥雅（Francisco Goya）才把戰禍兵燹的表呈達致卓越橫溢的高峰。1810至1820年間，哥雅蝕刻了總數八十三幅的一系列版畫（除了三幅之外，其他全部於1863年，哥雅死後三十五年，第一次出版），題為《戰爭的災難》

6　把犯人以繩吊起然後墜下的刑具。

（*Los Desastres de la Guerra*），繪摹1808年拿破崙軍隊進入西班牙平息叛亂的災殃。哥雅的畫面令觀者骰悚。他的手法是化絢爛為平淡：畫中的背景是氛圍，是黑暗而模糊的速寫。戰爭不是一場壯麗的奇觀。他的系列也並非連貫的敘事：每幅影像都配了片言隻語的說明，哀嘆入侵者的獸行或民生的無窮痛楚，但每幅畫都是獨立自足的，與其他畫面沒有直接關聯。整體效果無與倫比。

　　《戰爭的災難》中的陰森暴行意在震聾發聵，懾嚇觀者。哥雅的藝術與杜斯妥也夫斯基（Dostoyevsky）相捋，同樣深湛、艱澀、充滿原創性，彷彿是道德情愫與哀悒於藝術史上的一個轉捩點。哥雅為藝術史帶進一個關於災痛反應的新標竿。（還有民胞物與的新題材：例如他畫了一個建築工地旁某名受傷的工人被抬走。）而那些關於戰禍荼毒的描述，也是對觀者感性的一場襲擊。每幅畫面下方那些情辭並茂的短句，宛如是在對這挑釁下按語。當這影像，像所有影像那樣，邀人察視之際，文字卻堅持點出旁觀並不容易。「你能忍心瞧下去嗎？」這聲音——也許是藝術家本身的吧——不斷糾纏著觀者。一則說明宣稱：不敢正視！另一則說：這是惡行。又另一則反駁

道：這更壞。另一則在呼號：這才是最醜惡的！有一則驚嘆：野蠻生番！另一則感嘆：是發瘋了嗎？一則道：情何以堪！還有一則問：為何如此？

照片說明傳統上都是淡然地交代資料：時地人名。第一次世界大戰（攝影機廣泛應用於收集軍事情報的第一場戰爭）的偵察照片不可能有如下按語：「迫不及待去打個落花流水！」一張顯示了多重骨折的X光片，也不可能出現「病人可能變成跛子」的說明。照片說明不需藉用攝影師的聲音來確保影像的真實性，不必像哥雅為《戰爭的災難》的某圖註明：「我曾目睹。」另一則說：「這是事實。」攝影師當然曾經目睹該情景。除非是心存欺詐，或者在照片上動了手腳，否則照片中的情景一定是實事。

我們的日常用語已把哥雅這類的手製圖像及攝影的影像區分開來。藝術家「繪製」（make）畫作，攝影師「攝下」（take）照片。但是，攝拍的影像儘管是某些實事的光學留痕（而非根據不同攝影痕跡的建構），卻仍然不等於實事的透明呈現。照片永遠是某人挑選過的影像；拍照就是架起一個框架，把框外的事物剔走。此外，長久以來，早在數位影像和Photoshop等

設計師的操控技術出現之前，照片已經能夠扭曲現實。我們認定某畫作是贗品，往往是因為證實了該畫並非出自某畫家之手；但照片——或電視及網路上的拍攝記錄——之所以為贗品，卻經常是因為與其聲稱拍攝記錄的現實有所出入，欺騙了讀者觀眾。

　　若法軍肆虐西班牙的方式並未百分之百如銅版畫所繪——如沒有受害者與畫中繪像一模一樣，或相關惡行不曾在一株樹旁發生——這並不能否定畫作的可信性。哥雅的影像是綜合性的。它們說：**類似**的事件曾經發生。相對而言，照片或電影片段則是宣稱：它們將鏡頭前的事物絕對一模一樣地加以表呈。照片是要展示而非勾召氣氛。正因如此，照片可以做為證據，不像手製影像。然而那是一種怎樣的證據呢？一直以來都有傳言指稱，羅勃・卡柏的「中彈軍人照」——於權威鑑定稿的卡柏作品選中，此照又名「墜地的軍士」——可能不是展示它宣稱展示的那起事件（有個說法是：那只是前線附近的一場軍事演習而已）。這類揣測至今仍然困擾著有關戰地攝影的討論。一旦涉及攝影，人人都是拘泥於字面的實據主義者。

〇

　　戰禍的影像如今是這樣廣泛流傳，以致我們很容易忘懷人們期待知名攝影家提供這類影像是頗晚近的事。攝影史上，大部分的影像都是正面的猛將雄風，以及開戰或繼續戰鬥予人的暢快滿足。倘若政府能如願以償的話，戰爭攝影將如大部分的戰爭詩詞一樣，打響戰鼓，激勵軍士為國捐軀。

　　事實上，戰地攝影在發展之初，確曾具有這類令人喪氣的使命。那是克里米亞戰爭，攝影師是羅傑・芬頓（Roger Fenton）——公認的第一位戰地攝影師。他是在亞伯特親王（Prince Albert）的唆使下，於1855年由英國政府派往克里米亞的「官方」攝影師。當時的英國政府有鑑於報界過去一年報導了太多英軍在該地所遭遇的凶險困蹇，覺得有「撥亂反正」的必要，遂請來一位攝影名家為這場越來越失民心的戰爭挽回一些正面印象。

　　艾德蒙・高斯（Edmund Gosse）在他條縷英國十九世紀中葉的童年往事的回憶錄《父與子》（*Father and Son*, 1907）中，提起他的家庭隸屬一個名為普利茅斯兄弟會（Plymouth

Brethren）的福音教派，教眾都很虔誠，不問世事，儘管如此，克里米亞戰爭依然入侵了這個閉塞的社區：

　　向俄國宣戰終於為我們這宛如喀爾文派（Calvinist）修院的家帶來一些清新空氣。雙親破天荒地每天把一份報紙帶返家中，當某宗戰役爆發於某個妙曼的地區時，我與父親都會翻出地圖，查看位置，然後熱切討論。

　　戰爭始終是最難抗拒──最妙曼──的新聞。（這類新聞的最珍貴代用品是──國際體壇賽事。）但這場戰爭不只是一般的新聞而已。它是宗很壞的新聞。高斯雙親乖乖翻閱的那份倫敦日報──《泰晤士報》──以沒有附圖但非常權威的文字，攻擊腐敗無能的軍事領導層，指責他們令戰事無休無止，令英兵枉送性命。非戰鬥性的傷亡數字已達驚人的程度──二萬二千人因病喪命；在俄羅斯的寒冬中累月圍攻塞巴斯特堡（Sebastopol），令數以千計的英軍因手腳生凍瘡而致肢體傷殘──多場交鋒又都鎩羽而回。芬頓到達克里米亞之時仍是冬天，他在那裡留連了四個月，為一份聲譽不及《泰晤士報》、

立場也沒那麼尖刻的週刊《倫敦圖誌新聞》（*The Illustrated London News*）簽約拍照，雙方還約定這些圖片將在他回國後於畫廊展出，並以銅版方式印輯成書出版。

　　因為國防部下令不准拍攝死傷或症疾瘡潰的畫面，而且笨重的器材也令許多題材無從拍攝，芬頓於是把戰爭表呈為一場全雄性的、剛陽肅穆的戶外活動。當時的技術令每幀照片需要曝光長達十五秒，並在暗房用化學藥劑逐幅沖洗，所以芬頓必須指揮軍士們或立或坐，然後凝姿不動，才能拍出他們聊天或整頓大砲的情景。他的照片是火線背後的軍事生活靜物照；至於戰事活動的雜沓、混亂甚或其戲劇性，都被拒於他的鏡頭之外。芬頓所拍的克里米亞照片中，唯一超越了祥和記錄的一幀叫〈死蔭幽谷〉（The Valley of the Shadow of Death），這題目一方面引述了聖經詩篇所提供的慰藉，亦同時暗喻了前一年的十月，六百名英國將士於巴拉克拉瓦（Balaklava）平原遇襲殉難的慘案。丁尼生（Tennyson）在他那首弔亡名詩〈輕騎兵進擊〉（The Charge of the Light Brigade）裡，把這地點稱為「死亡谷」。芬頓的弔亡照以虛為實，看不到屍首的冥像。這是唯一一張不需他導演排練的圖片：鏡頭展示著一條布滿車軌、石塊

與砲彈的寬廣大路，蜿越光禿的平原，通向遠方的虛空。

　　另一位曾涉足克里米亞的攝影師菲利士‧畢亞托（Felice Beato），拍了一輯更大膽的有關死亡與頹垣的照片，其鏡頭指陳的不是英軍的傷亡，而是其軍事勢力的陰慘嚴苛！畢亞托原是威尼斯人，後歸化英籍，他是最早涉足多個戰場的攝影記者：除了1855年的克里米亞之外，他還目睹了1857～58年的印度兵叛變（Sepoy Rebellion，英國人稱之為「印度兵變」〔Indian Mutiny〕），1860年的英法聯軍，以及1885年的蘇丹殖民地戰爭。於芬頓為那場失利的英國戰役拍下止痛照片的三年之後，畢亞托的照片卻頌慶著英軍成功地鎮壓了屬下印度兵的叛變——那是印度挑戰英國統治的第一大步。他在勒克瑙（Lucknow）⁷的辛肯達巴宮（Sikandarbagh Palace）拍攝的奪目照片，展示了痛遭蹂躪的宮庭內院遍布著喪命叛軍的骨骸。

　　在畢亞托之後數年，於美國內戰時期，第一次全面的戰爭攝影記錄才告誕生，這項工作由一家北方的攝影公司擔當，公

---

7 勒克瑙是印度烏爾塔省的首府，也是1857～58年印度兵變的所在地。辛肯達巴宮是十八世紀當地汗王所建的華麗寢宮。文中所提照片可參見 http://www.getty.edu/art/collections/objects/o105480.html。

司的總裁是馬修·布雷迪（Mathew Brady），他曾為林肯總統
拍了數幀公務照。布雷迪的戰爭照片──其實多由亞歷山大·
嘉德納（Alexander Gardner）和狄摩西·奧蘇利文（Timothy
O'Sullivan）拍攝，但作者的名義都歸到老闆身上──展示了一
些傳統的素材：軍官及步兵的營帳，鐵蹄過後的鄉鎮，軍械，
戰船，以及最著名的，蓋茨堡（Gettysburg）及安提塔姆
（Antietam）血戰之後，南北軍士屍橫遍野的景象。雖然是林肯
總統親自授權布雷迪的攝影組進入戰區，但他們卻不是類似芬
頓那種接受委約工作的攝影師。他們的身分演進方式是更美國
化的──最初名義上由政府贊助，逐漸演變為創業家與自由工
作者。

　那些殘酷清晰的死難戰士照片，顯然牴觸了禁忌，而攝影
師所提出的第一條自辯理由為：那是記錄者的職責所在。據說
布雷迪曾聲言：「攝影機是歷史的眼睛。」如此被召喚而來的
歷史──意謂不容辯駁的真相──與一種當時聲譽日隆且值得
持續關注的理念，也就是寫實主義（realism）──相互扶持。
此項理念迅即在小說界找到比攝影界更多的捍護者*。以寫實
主義之名，藝術家有權──也必須──把令人不快的冷酷事實

披露。奧蘇利文與其他布雷迪公司的同僚在內戰結束後出版了一本攝影集，其中有一幀照片拍了一批戰死沙場的南軍兵士，他們痛苦的臉容面對著鏡頭，嘉德納（他已於1863年脫離布雷迪公司）於伴隨此照的短文中寫道：這些照片同時能產生「教化作用」，因為它們披露了「與戰爭的壯麗外觀相反的赤裸可怖與現實……這是一些極其醜陋的細節！讓這些照片幫助我們防止類似的災劫重臨國土」。雖然《嘉德納的戰爭攝影素描集》（*Gardner's Photographic Sketch Book of the War*, 1866）中那些令人難忘的照片是那麼真實坦率，但這並不意味著：嘉德納和

---

* 將士屍橫遍野之照片的反高潮寫實性，在《鐵血雄師》（*The Red Badge of Courage*）中有戲劇化的描繪，這本小說中的所有事件都是透過主人翁那困惑、畏懼的感知所記錄，這樣的主人翁可以是任何一位沙場亡魂。史蒂芬・克雷恩（Stephen Crane）這本反戰小說，視野尖銳但語調平板。克雷恩生於1871年，小說1895年出版，已是戰後三十年多。相較於同代的華特・惠特曼（Walt Whitman）對「腥紅事件」（red business）的多樣描繪，克雷恩的作品在感情上可說異常簡化。在1865年出版的組詩《桴鼓集》（*Drum-Taps*，後納進《草葉集》〔*Leaves of Grass*〕）中，惠特曼召來許多不同的聲音共同訴說。雖然不能說惠特曼對這場內戰感到興奮——他認為那是一場兄弟鬩牆之戰，而且對雙方的死傷都深感哀悲——但他仍然能從中聽到戰爭的史詩和英雄樂韻。他的耳朵令他充滿戰意，雖然是以他那種慷慨、複雜、泛愛的方式。

其同僚必然是原封不動地拍下眼前所見的事物。攝影就是構圖（對活生生的對象而言，就是擺 pose），攝影師想要安排畫面的欲望，並不會因為對象無法活動而告消失。

　　事實證明，許多早期戰爭攝影的經典影像都經過編排設計，或是照片中的景物曾遭受竄改更動，這點並不令人驚訝。當芬頓帶著他的暗房馬車抵達塞巴斯特堡附近滿目瘡痍的山谷時，他從同一個三腳架的位置拍了兩張照片：就是那膾炙人口的〈死蔭幽谷〉（儘管冠上這個題目，但那支輕騎兵在發動那場死亡出擊時，並**未越過此地**）第一幀照片顯示路的左邊很多砲彈，可是在拍第二幀──也就是經常轉印複製的那幀──之前，他把砲彈擺到道路中間。畢亞托的辛肯達巴宮劫餘照，拍攝了一處曾發生慘酷殺戮的荒涼所在，這是第一批表達戰爭猙獰面貌的攝影作品之一，不過該照的拍攝對象同樣經過安排更動，而且幅度更大。這場攻擊發生於 1857 年 11 月，事後獲勝的英軍及效忠的印度軍士於宮內展開逐房搜查，並將倖存的一千八百名已淪為階下囚的印度叛軍全部刺死，然後把屍骸棄於庭院當中，任野狗、兀鷹盡情飽餐。當畢亞托於 1858 年 3 或 4 月拍攝該照時，他把已成廢墟的後院建構為未經掩埋之所，接

著安排了一些當地人站在兩根柱子旁邊，然後把人骨散布於院中。

　　不過最起碼，那些人骨是故有的。我們如今知道，布雷迪的攝影隊曾搬動過蓋茨堡那些陣亡不久的軍士屍首，然後重新擺放。那幀名為〈狙擊叛兵之家：蓋茨堡〉（The Home of a Rebel Sharpshooter, Gettysburg）的照片[8]，其實是把喪命戰場的一名南軍士兵的屍體搬到圖中這個較上照的位置──由兩堵如牆巨石及一堆碎石壁壘所構成的小穴。嘉德納還把一枝步槍倚於屍旁的壁壘上。（這槍不像狙擊兵用的特殊步槍，而是一般兵士用的。嘉德納若不是曚然不覺，就是他並不在乎。）奇怪的倒不是有這麼多過去的經典新聞照──包括一些二次大戰期間最難忘的影像──竟然含有「導演」的成分。奇怪的是，我們竟會因而詫異，又深覺失望。

　　那些最令我們沮喪不悅的「擺pose」照片，都是與人生高潮有關的親密記錄，特別是愛與死亡。〈共和派軍人之死〉的特點是：這是真實的一刻，而且是偶然捕獲的；倘若那倒地兵

8　可參見http://memory.loc.gov/service/pnp/cwpb/04300/04337v.jpg。

士不過是為卡柏的鏡頭做表演,那就意義全失了。羅伯·杜瓦斯諾(Robert Doisneau)於1950年為《生活》雜誌拍了一幀著名照片,一對男女在巴黎市政廳附近的街頭擁吻。雖然杜瓦斯諾從未宣稱那是偶然拍得的,但當四十年後,大家發現那不過是他當天聘來的一對男女,經他導演所擺出的繾綣畫面時,人們的內心還是不免一下刺痛,尤其是那些曾視此照為浪漫戀愛與浪漫巴黎之象徵的朋友們。我們期望攝影師是愛戀與死亡的府邸中的情報員,期望那些被拍之人都不曾意識到攝影機的存在,期望他們「毫不設防」(off guard)。無論對攝影抱持多麼高雅的看法,都無法削弱人們對這類照片的滿足感:一名機警的攝影師逮住了事件突發的那一剎那。

如果我們認為,只有在事件發生當時,攝影師剛好人在附近並舉機搶拍的照片才算真實的話,那麼絕大多數的勝利照片都不及格。以戰役結束之時的插旗為例。1945年2月23日美軍在硫磺島升起美國國旗的那張著名照片,其實是由當時的美聯社攝影記者喬·羅森斯爾(Joe Rosenthal)「重新排演」的。那場豎旗典禮是在攻佔蘇利巴奇山(Mount Suribachi)的翌晨舉行,而羅森斯爾的照片,則是在當天稍後拍攝,並且換上了

一面更大的國旗。另一幀同樣深獲崇敬的凱旋照是：1945年5月2日，由蘇聯攝影師葉甫蓋尼‧哈爾德伊（Yevgeny Khaldei）拍攝的蘇聯士兵於烽火漫天的柏林國會大廈（Reichstag）頂上懸起紅旗的景象，這起英勇行為也是專為攝影機編排的畫面。另一張被大量翻製、於1940年倫敦遭德軍閃擊空襲期間所拍的勵志照片，因為攝影者及拍攝地點都不清楚，因此情況較為複雜。此照片透過已被炸得千瘡百孔、頂蓋不存的荷蘭屋（Holland House）圖書館的一堵爛牆，看到坍塌的碎石堆內，有三位男士站在兩道奇蹟般完好倖存的書架旁邊。其中一位看著牆上的書；另一位伸手觸摸書脊，正要從牆上拿下一本；另一位則翻看著手裡握著的書——這構圖高雅的戲劇性場面，肯定有人執導設計。此照最好不是某位攝影師在空襲過後於肯辛頓（Kensington）區蹓躂，忽然見到這座詹姆士一世時代的華麗圖書館被戰火劈開，於是靈機一觸，找來三人扮演燼餘中偷閒的讀者。還是下面這情況好一點：這三位男士原本就在破屋之中大享其蛀書蟲口福，攝影師只不過是在空間安排上稍做修飾，拍出這幅較現實更為銳利的照片。不論是前者還是後者，此照依然保留了那個時代的韻味及確實性，它頌讚著如今已告

逝滅的民族理想：那種沉靜地掙扎求存的堅毅。隨著時間之流，許多帶有導演手跡的照片再度被轉化為歷史的見證，儘管是不夠純淨的那種——就像大部分的歷史見證一樣。

　　一直要到越戰時代，我們才可以肯定沒有任何一張名照是裝設出來的。這點相當重要，令這些影像具備了一份道德權威。1972年由孔功逸（Huynh Cong Ut）所拍攝的那張馳名的越戰恐怖照——鄉村中的某個女孩身中美軍的凝固汽油彈，奔下公路，痛號尖叫——就屬於那類不可能經俗手加工的攝影。日後許多廣被拍攝的戰爭中的馳名照片也一樣。越戰之後已經罕見為鏡頭而搬演的照片了，這說明了攝影師所遵守的新聞誠信標準較以往來得更高。原因之一，可能是電視在越戰時期成為傳播戰爭影像的關鍵性媒介，那些無畏地拿著萊卡或尼康相機孤身涉險的攝影師，在以往是隱遁地工作，如今不只要容忍近在咫尺的電視攝影隊，甚至還得與之競爭：見證戰爭已不再是單人匹馬的探險旅程。在技術上，以電子和其他方式更動照片的可能性當然遠甚於以往，幾乎可說是毫無限制。然而捏造戲劇性的新聞圖片，或刻意為攝影機做戲等手法，卻似乎已成為行將失落的藝術了。

4.

　捕捉到死亡面貌，讓其長存世間，是只有攝影機才能夠擔任的工作，所以在各類戰爭圖片中，尤以於戰場上記錄死亡當下（或前夕）的作品最受稱頌，也流傳最廣。1968年2月，艾迪・亞當斯（Eddie Adams）攝得南越國家警察總監阮洛龍將軍（Brigadier General Nguyen Ngoc Loan）於西貢某街頭槍殺一名疑為越共的男子[1]。這照片的真實性應無任何疑問。但那仍是導演而生的場面──由阮將軍一手擺布，他把那位雙手反綁的囚犯帶到站滿記者的街頭；假使沒有觀眾，他也不會搬演這行

[1] 照片可參見 http://www.treefort.org/~cbdoten/rvntanks/080-4450.htm。

刑場面。他刻意地款擺自己的側臉及囚犯的面孔，等攝影機同時揚起了，才舉槍處決。亞當斯的照片逮住了彈發的一刻，中槍者臉部抽攣，仍未墜地。然而對觀者（及筆者）來說，即便在照片拍攝後的這麼多年……依然可以久久凝視照上的面容而無法摸透那場神祕的儀式，以及擺脫旁觀者那份猥褻下流、彷似同流合污的感受。

更令人於心不安的是，看到那些知悉死亡將至的人。1975至1979年間，在金邊市郊杜斯令（Tuol Sleng）區一間高校改裝的祕密監獄內，有超過一萬四千名柬埔寨人民被指控為「知識分子」或「反革命分子」而遭處決。當時的赤棉檔案記錄員曾在每位受刑者遭處決之前，命令他們坐下拍照，並保留了六千多張相關照片*。《殺戮戰場》（*The Killing Fields*）一書輯錄了其中的部分圖像，讓我們能於數十年後，與那些面向鏡頭——也因而面向我們——的臉孔相互凝視。在卡柏以中距離拍攝的那張照片中，那位西班牙共和派士兵只是——若我們相信

---

* 根據近年對波羅的海和烏克蘭地區 NKVD（蘇聯內政人民委員會）檔案及 KGB 大本營盧比揚卡（Lubyanka）檔案館的研究顯示，於處決之前為政治犯或反革命分子拍照，也是蘇聯政府的標準程序。

攝影者的說法——殞命而已：我們看到的只是在他倒地當兒突然偏離攝影機的一個粗粒人影，一具軀體頭顱，一股精力。但是這批從近距離拍攝、大部分是半身像的柬埔寨男男女女，包括不少兒童，卻像是置身在提香的《活剝馬西亞斯》當中，在那幅畫裡，阿波羅手中的刀永遠是即將砍下，這些被囚的人，只能永遠地面向死亡，永遠地即遭處決，永遠地含冤莫白。而我們這些觀者的位置，卻恰與鏡頭後方那位掌機的走狗重疊，真是令人噁心的經驗。這位監獄攝影師的名字我們知道，他叫林安（Nhem Ein）。我們可引述他的姓名。但面向他攝影機的死囚——面目呆滯，瘦骨嶙峋，襯衫胸口釘著號碼條——卻只是集體的積累，一群無名的受害者。

　　即使有名字，「我們」可能也難有印象。當吳爾芙點出某幀照片中某具血肉模糊的屍體已然雌雄莫辨，甚至可以是一頭死豬，她的意思是：戰爭的奪命規模已達致毀滅個體的身分，甚至人之為人的地步。當然，這也說明了，遠眺中的戰爭，不過是一種影像罷了。

　　受害人，傷慟的親屬，看新聞的消費者——他們各自與戰爭有著遠近不同的距離。似乎只有在那些最遙遠的「異鄉」，

也就是觀者最不可能知悉的地方，攝影師才能以完全坦率的方式表呈戰爭，以及受戰災蹂躪的屍身。一旦攝影主題接近觀者的「家」，人們就會期待攝影師更加小心敬謹。

1862年10月，安提塔姆會戰之後的一個月，嘉德納及奧蘇利文的照片於布雷迪的曼哈頓畫廊中展出。當時《紐約時報》作出如下評論：

> 百老匯大街上聞風而來的群眾也許對安提塔姆的傷亡無甚感觸，但我們猜想，也許群眾不會那麼步履風流、大搖大擺地穿街過市——若我們從戰場送來一些新鮮熱辣的滴血屍體，沿路擺上。女士們也許會拉起一點她們的裙襬，男士們會更當心一點兒蹓躂……

執筆記者老生常談地指責那些「戰不關己」之人對他們視線外的人生感受麻冷，但他自己對那些照片的迫切感卻不因此而稍減惶恐：

> 沙場死者的魂魄很少進入我們夢中。吃早餐時我們看到

報上的死難者名單，但隨著咖啡下肚，名單也從我們的記
憶中剔走了。但布雷迪把戰爭的鄭重與駭愕的真實帶進我
們家門。雖然他不曾真的把屍骸置放到庭園之內或街道之
上，他做的事卻有類似的效果……這些照片顯突得震撼人
心。若用放大鏡細看，甚至可以辨別出死者的面孔。若是
某位躬身審視照片的女士，可以從那些生機寂滅、行將進
入戰壕巨口的軀體行列中認出了她的丈夫、兒子、兄弟的
話，我們大概也不會想走進那畫廊之內。

記者一方面敬仰這些圖片，但對其帶給死者女眷的痛楚又
有點不以為然。攝影機把觀者置身災場之內，但太貼近、太貼
近了；在放大鏡的輔助下——因為這是一場雙鏡（double lens）[2]
報導展——「顯突得震撼人心」的圖片交代了太多不必要的、
猥褻的資料。然而《紐約時報》的這位記者，在譴責這些影像
令人難以承受的真實性的同時，卻又不禁手癢地運用只有文字
（「滴血屍體」、「行將進入戰壕巨口」）才能提供的煽情效果。

2　桑塔格指攝影機之鏡及觀者可用的放大鏡。

攝影的時代對現實提出了一些新要求。一方面，真實事物本身可能不夠嚇人，需要強化其效果，或以更令人信服的方式重演。有史以來第一部與戰役有關的新聞紀錄片，拍的是1898年美西戰爭中發生於古巴的那場廣受宣傳的意外事件，亦即所謂的聖胡安山（San Juan Hill）會戰。維他公司（Vitagraph）[3]的攝影師雖然已拍到美軍衝鋒上山的真實畫面，但他們嫌戲劇性不足，於是事後，狄奧多‧羅斯福上校（Colonel Theodore Roosevelt）[4] 與他的志願騎兵隊「粗豪騎士」（Rough Riders），迅即為該公司重演這一幕。另一方面，影像也可能太令人毛骨悚然，必須顧及禮教和愛國情緒而予以壓抑——例如未經過適當修飾的我方死者的影像。展覽這些死者畢竟是敵方才會做的事。布爾戰爭（1899-1902）期間，當布爾人於1900年1月在史皮恩高普（Spion Kop）一役得勝之後，為激勵軍隊士氣，遂在軍中傳閱一幀可怕的英兵陣亡照片。這照片是一位不知名的布爾攝影師，拍於英軍鎩羽（一千三百名將士覆沒）之後的第

---

[3] 早年的美國電影公司。
[4] 即日後的老羅斯福總統，這場戰役發生時，年輕的他尚未當選。

十天，鏡頭蓄意從上俯瞰一條長而淺的戰壕，裡面堆疊著曝野未埋的英軍屍首。此照特別令人慄然不安的原因是：其中見不到任何地景。壕溝內左堆右疊的屍首由近而遠地擠滿了整個畫面。英軍聽聞敵方這種冒犯行為，自然大為震怒。《業餘攝影師》（*Amateur Photographer*）雜誌中的一篇文章慍然聲稱：把這類照片公開「徒然有害無益，只是諂媚了人性中最壞的傾向而已」。

影像審查制度一直都存在，但有很長一段時間，只是根據國家元首或將領的喜好，散漫地執行著。第一次有組織地禁制前線新聞圖片的例子，發生於一次大戰期間，德法兩國的將領都只允許少數特別挑選的軍方攝影師接近戰場。（英國軍隊的新聞審查較為寬鬆。）一直要至五十年後，當審查制度開放到可以在電視上直播戰事之際，我們才終於理解震撼性圖片對國內公眾的衝擊有多大！越戰時期，戰爭攝影已成為必然的反戰論述。這當然會產生一定後果：如今主流媒體已不願令正被策動參戰的公眾對鬥爭感到厭惡，更不願散播反戰的宣傳。

自此之後，審查制度——不論軍方強制的審查，或最深遠的一種審查——自我審查——便吸引了不少頗具聲勢的辯護

者。1982年4月爆發的福克蘭戰爭初期，柴契爾夫人的政府只批准了兩名攝影記者進入前線，被拒於門外的包括戰地攝影大師唐‧麥庫林。及至五月福島被英軍佔領之時，總共只有三批膠片抵達倫敦。此外，政府也不准電視現場報導。自克里米亞戰爭以降，英國未曾對任何軍事行動採取這般嚴酷的採訪限制。事實證明，美國當局把柴契爾那套控制媒體報導本國海外戰事的手段，發揮得更為徹底。1991年的波灣戰爭期間，美國軍方極力促銷這場科技之戰的影像：懸於奄奄一息的死者頭上的夜空，充斥著導彈、槍砲的光痕──這些影像在在展示了美國的軍力無與倫比。然而這種軍事優勢所造成的殘害，美國的電視觀眾卻不准收看，例如NBC電視台所取得的美軍暴行影片（該電視網後來婉拒播出）：2月27日，戰爭臨近尾聲之時，數以千計逃離科威特市的伊拉克民兵，在以車隊或徒步向北撤往巴斯拉（Basra）的途中，遭到美國空軍以炸藥、凝固汽油彈、放射性貧鈾彈以及榴霰彈進行地毯式轟炸──某位美軍將領將這場惡名昭彰的屠殺形容為「獵火雞」（turkey shoot）。2001年底美軍在阿富汗所策動的大多數軍事活動，則是完全禁止攝影記者採訪。

　　隨著戰爭形態改變，戰地前線容許攝影機做非軍事用途的條件也越來越苛刻，因為作戰已變成以日漸精準的光學儀器來偵伺敵人行蹤的快速活動。著名的戰爭美學家恩斯特・容格爾（Ernst Jünger）於1930年指出，再也沒有欠缺攝影的戰爭了，這句話等於是把攝影機與槍枝之間、「攝獵」（shooting）對象與「射殺」（shooting）人類之間，那種按捺不住的關聯性微妙地又向前推進了一步。製造戰爭與攝製照片是兩種兩相疊合的行為，容格爾寫道：「促使人們製造出分毫不差地向敵人精確瞄準的殺傷武器的智慧，也同時激發人們竭力地把重要的歷史事件鉅細靡遺地保存下來。」*

　　美國當前偏好的作戰方法，就是根據這個模式擴張而成。

---

* 在格爾尼卡被夷為平地的十三年前，也就是1924年，英國皇家空軍（RAF）在新近獲得的英屬殖民地伊拉克境內，以空襲的方式鎮壓當地叛亂人士，當時派駐伊拉克的RAF中隊長亞瑟・哈里斯（Arthur Harris）——後來於二次大戰期間成為RAF轟炸指揮部的總司令——以圖文並茂的方式描述了這起任務多麼成功（他甚至附以照片為證），他寫道：「阿拉伯人和庫德人這下終於知道什麼叫真正的轟炸，知道那會造成多大死傷；他們這下知道，我們有本事在四十五分鐘內把一座村莊毀於一旦（附上庫山－艾爾－阿亞薩〔Kushan-Al-Ajaza〕的照片），只要四到五架戰機就可讓其中三分之一的居民當場殞命，這幾架戰機讓他們失去反擊目標，失去成為殉身戰士的光榮機會，失去有效的逃命方法。」

電視把戰爭變成影像獻給公眾，但其拍攝實景的能耐，卻同時受限於政府操控和自我審查。戰爭越來越像是遙控投彈的遊戲，只要根據即時傳送的資料和視訊科技，便可在遙遠的另一塊大陸上選定投彈目標：2001年底至2002年初，在阿富汗所進行的每日轟炸作戰，都是由位於佛羅里達州坦帕市（Tampa）的美國中央司令部指揮。這類軍事行動志在盡量減低我方傷亡，並能夠殲滅一定數量的敵軍，以生懲罰之效；至於那些死於失事意外或「友軍誤擊」（軍方的委婉稱呼）的美國或盟軍士兵，算不算是我方折損卻是模稜兩可。

　　在這美國強權以遠距遙控戰備面向無數敵人的年代，公眾應該看到和不該看到什麼的政策，仍在探索階段。電視新聞製作人及報紙雜誌圖片編輯每天的決策，都在界定何謂公眾知識，希望讓搖擺不定的相關共識得以確定。他們的決策往往出於「良好品味」（good taste）之名——往往是一種來自公共機構的壓抑性準則。911事件之後，災場死難者的傷慘照片一直不曾公諸於世的主因，正是受到這「良好品味」的規囿。（小報通常較大報更敢刊登凶殘影像，紐約的《每日新聞》〔*Daily News*〕便曾在慘劇發生後不久的某晚號外中，刊載了一隻躺在世貿大

樓瓦礫堆中的斷手的圖片，不過此照似乎不曾在別報出現。）
電視新聞因為面對更多觀眾，更需要回應廣告商的壓力，所以
對什麼內容「適合」（proper）播出總是更加小心謹慎，步步為
營。在一個充滿商業刺激且品味標準不斷降低的文化裡，這種
堅持良好品味的異常行為，著實有點令人摸不著頭腦。但只要
想深一層，一切就合理了：發揚這良好品味正可掩蓋掉傳媒對
公共秩序和公共道德種種不能明言的關懷和焦慮，而且除此之
外，也無他法可闡明或維護悼亡的傳統習尚。什麼可以展示，
什麼不能展示——幾乎沒有任何議題比這更能引發公眾喧騰。

　　另一個經常被用來查禁圖片的論點是：侵犯了親屬的權
益。2002年初，《華爾街日報》記者丹尼・珀爾（Daniel Pearl）
在巴基斯坦的喀拉蚩市遭綁架殺害。波士頓某週報把一段珀爾
「招供」（自承為猶太人）並接受儀式性處決的宣傳錄影帶於其
網址上播出，旋即引來一場激烈的公眾辯論。一方譴責傳媒侵
害了珀爾遺孀免於再度面對喪夫之痛的權利，另一方則維護報
刊的言論自由立場及公眾了解真相的權益。這段影片很快就從
網站中刪除。值得注意的是：辯論雙方都只把這三分半鐘的驚
怖視為一齣「剪燭猥片」（snuff film）[5]。沒有人可以從這場辯

論中知悉，該捲錄影帶中還有一些與行刑無關的片段，一組大家耳熟能詳的控訴（例如，以色列總理夏隆與小布希於白宮對坐面談，巴勒斯坦兒童在以色列的攻擊中遇害），這捲帶子是一輪政治謾罵，並以一連串的恐嚇及特殊要求作結——這一切或許能提示我們，這是一捲值得我們忍痛（若你能承受的話）看下去的錄影帶，為了更清楚地面對謀殺珀爾的那股極端邪惡又絕不妥協的勢力。當然，把敵人想像成野蠻生番，揮刀殺人之後還要高舉首級示眾，確實簡單便捷一點[6]。

　　我們的文化一直嚴禁把亡人的臉孔袒露。當年嘉德納與奧

5　美國坊間盛傳某些驚悚及色情片中，有貨真價實的殺凶情節，因而統稱為剪燭猥片。口語中的snuff out（弄熄蠟燭），是把某人幹掉之意。

6　桑塔格這段分析回應著她對911前後的一連串言論。例如她在2001年9月24日那期《紐約客》中引起軒然大波的話語：「為什麼沒有人承認這並非『懦弱』的對『文明』、『自由』、『人類』、『自由世界』的襲擊？而是對一個自詡為超級強國的襲擊，並且肇自特定的美國聯盟及行動！……政治，民主的政治……被心理輔導替代。且讓我們一同哀悼，但不要一起愚昧。」
　　桑塔格眼中，美國的反應並非「成熟的民主」。所以在談起《華爾街日報》記者遭處決的錄影帶時，認為美國人值得忍痛去「面對」兇徒的真貌。她鼓吹追擒911元兇。但她也注目「美國聯盟」的惡劣後遺——矛頭當然指向美國對以色列的支持。以巴的衝突是伊斯蘭世界民情鼎沸的一大主因。她在耶路撒冷演說（見《桑塔格文選》中的〈文字的良心〉一文）之中已聲明她相信以色列應撤出西岸的立場。

蘇利文拍攝的美國內戰照片至今依然深具震撼力，原因正是圖中的南北軍都仰天躺臥，面貌清晰可辨。美軍陣亡的照片歷經多場戰事都不曾在重要刊物上出現，直至1943年9月，《生活》雜誌刊出喬治・史特羅克（George Strock）那張打破禁忌、並曾遭軍事審查官禁制的圖片——三名美軍於新幾內亞某海灘登陸時遇害（雖然大家總形容〈布那海灘美軍亡魂〉〔Dead GIs on Buna Beach〕這照片中有三具臉埋於濕沙中的士兵，但其中一人其實仰天躺著，只是攝影角度將他的頭遮掉了）。等到美軍在1944年6月6日於法國登陸，無名的美軍陣亡圖片便陸續

2003年3月，在一個表揚拒絕在佔領區服役的以色列軍士的奧斯卡・羅米奧獎（Oscar Romero Award）的頒獎演說中，身為猶太裔的桑塔格重申：1967年戰役之後，以色列不斷把猶太居民遷入西岸及加薩等佔領區，終於導致今日中東的重大危機：

「對一個鄰近民族進行系統化的不斷壓迫、圈禁是不對的。認為藉殺戮、驅逐、佔領、甚或修築城牆就能為壓迫者帶來安定和平，這想法是虛妄的——那只會令受害者更無助、貧窮、絕望。而美國總統儼然自視為全球總統，進而宣布：順美者昌，逆美者即為『恐佈分子』的態度，也並不正確。」

桑塔格對美國「行使其權力」本身並無異議，問題是「如何使用」。她贊同美國介入波士尼亞，以拯救當地伊斯蘭教徒，雖然她惋惜那些無辜的死傷。但她反對最近一輪的伊拉克戰爭，因為那只會濫殺平民，令整個中東局勢更不穩定，而美國並沒能力統治整個地區。

在一連串新聞雜誌上出現，但躺下的屍身總是俯伏向下或臉朝他處。不過這一份死亡的尊嚴，卻不是人人都可以享有的。

越是在遙遠的異域，我們越可能看到死傷者的正面影像。於富裕國家的公眾意識內，後殖民非洲只以兩種方式存在：除了其性感的音樂，就是一系列令人難忘的失神大眼的受害者照片——從1960年代比亞法拉的饑荒開始，迄1994年幾近一百萬名盧安達圖西族（Rwandan Tutsis）大屠殺事件，以至數年之後獅子山（Sierra Leone）境內的反抗軍聯合陣線（RUF）剮剷成人及兒童四肢的大規模恐怖暴行（再近一點的是殲滅全家或整個村落的愛滋疫禍）。這類影像具有雙重訊息。一方面顯示了令人震怒的不公，需要大力彌補的痛苦；另方面似乎也證實了，只有那些地方才會發生這類事情。這類隨處可見的照片，以及圖中駭怖的災害，只是助長了某種信念：悲劇發生於這些蒙昧、落後——即是貧窮——的地區，是無可避免的。

可相頡頏的暴行與災害也曾在歐洲發生。那些於短短六十年前發生於歐洲的凶殘暴行，較諸今日落後地區的災劫只會更令人髮指。但是這類恐怖已搬出歐洲，搬出的日子已久遠到足以令歐洲感到今時今日的平安是必然而致的。（二次大戰結束

之後五十年，孤城被困、死亡營再現、數以千計的平民遭到殲滅及野葬——這類重臨歐洲的恐怖現象，令波士尼亞戰爭及塞爾維亞血洗科索夫的屠宰行動，有那麼一點奇特的、過時的興味。然而理解1990年代發生於東南歐的這場戰爭罪行的重要環節是——巴爾幹半島可以說從來都不屬於歐洲的一部分。）

普遍說來，慘遭摧殘的人體照片都來自亞洲或非洲。這種新聞習尚其實繼承了西方多個世紀以來的某個傳統，亦即展示異域——也就是被殖民統治——的人種：自十六世紀至二十世紀早期，非洲人或偏僻國家的亞洲人經常像動物般於倫敦、巴黎或歐洲都會的人種學展覽會上供人觀賞。莎劇《暴風雨》（*The Tempest*）中，特林古洛碰到蠻人卡里班時想到的第一件事，就是把他送去英國展覽：「哪個度假的傻子不會掏出一枚銀幣來觀看？……他們不會施捨一毛錢給跛腳乞丐，卻會付出十元去看一名早已壽終正寢的印第安人。」展出那些膚色棕黑之士在異國遭受虐殺的照片，正繼承了這類娛樂節目的功能，全然無視於我們文化嚴禁展示我方暴力受害者的種種顧慮。因為那些「他人」，即便不是敵人，也只是可供觀看的客體，而不像我們，是能夠觀看別人的主體。然而可以肯定的是，那位求饒活

命的塔利班傷兵——其命運無比清晰地刊登在《紐約時報》的
照片中——也一樣有妻兒、雙親、兄弟姊妹,他們其中的一員
可能有一天會看到這組三聯彩照,看到他們的夫、父、子、兄
正身遭毒手——也許他們早已看到了。

5.

　　現代世界的冀盼和道德感中，有這麼一個核心性的信念：戰爭是變，雖然難以抑止；和平是常，雖然難以達致。這當然跟有史以來人們對戰爭的看法剛好相反：戰爭總是常態，和平才是例外。

　　荷馬史詩《伊利亞德》（*Iliad*）中不斷重複出現的高潮，是拚鬥之中的戰士如何受創殞命。書中的戰爭觀是：無論累積多少的傷痛，人類都不會遏止積習難返的好戰行為，於是以文字或圖像表呈戰爭之時，需要一份剛毅、無畏的超然態度。達文西在講述如何繪畫戰場之時，堅持畫家必須具備想像力及勇氣去表達戰戈令人心寒膽裂的一切！

讓那些敗將面無人色、雙眉緊攢、額頭布滿痛楚之紋……嘴巴張開，如同於雙齒之間發出悲鳴……把陣亡戰士的身軀畫滿灰塵……讓清晰的血曲折地從屍首流入泥塵。讓其他人在彌留的痛楚中咬牙、翻眼、雙拳緊握，抽壓身軀、雙腳扭動。

他關注的是：圖像可能不夠具體，欠缺細節，不足以令人驚慄不安。若憐憫是一份只為那些不該遭逢不幸之人所發生的情緒，如同亞里斯多德的說法，那麼憐憫確可伴隨一份道德判斷。然而在面對滔天災害的不幸之時，憐憫並不是與恐懼自然孿生的情感。憐憫似乎會被恐懼沖淡、轉移，而恐懼（驚懼、恐慌）則總是設法要淹沒憐憫。達文西那番話是在向藝術家建議，他們的創作目光必須名副其實地泯除憐憫。圖像必須使人膽寒，而在那種大驚怖（terribilità）之中，潛伏一種挑戰人心之美。

血淋淋的拚鬥場面也可以是一種美──可列入雄渾之美或凜冽之美或悲劇之美的範疇──這想法對由藝術家手繪的戰爭圖像而言，可說平凡無奇。但如果把它套用到攝影圖像身上，

就有點不對勁：覺得戰爭攝影很美，似乎很沒良心。然而被蹂躪的風景仍是風景。頹垣敗瓦也有其蒼涼之姿。但承認世貿中心在淪為鬼域之後所拍的照片具有美感，卻像是不識大體，甚至是褻瀆冒犯。人們頂多只敢說，那些圖片很「超現實」——在這委婉的形容詞後面，被斥逐的美學觀畏縮地藏匿著。然而它們之中有很多**的確**很美麗。拍攝這批照片的包括紀爾·佩雷斯、蘇珊·米西娜絲（Susan Meiselas）和喬爾·邁耶羅維茨（Joel Meyerowitz）等老行尊。災場本身——這巨大的亂葬崗獲得了「零度地面」（Ground Zero）[1]這外號——當然絕不美麗。不論拍攝的對象是什麼，照片總會轉化現實；事物的影像可以是美麗的——或嚇人的，或無法忍受的，或完全可以容忍的——儘管生活中的事物並非如此。

　　轉化是藝術的目標，然而見證災禍的攝影若太「美學化」，太像藝術，卻會遭受批評。攝影的雙重力量——生產記錄及製造視覺藝術品——為「攝影應發揮何種功能」這問題，

---

[1] ground zero原本指的是被原子彈摧毀的地表，在911之後有了新的意義，當這兩個字的字首都以大寫方式呈現時，它便成了專有名詞，意指「世貿中心的廢墟」。

帶來了一些頗為誇張的成見。近來，最常見的誇大之辭是：這兩重力量是互不相容的。展露痛楚的照片不應是美麗的，而圖片說明不應說教。依據這看法，一幀美麗的照片會把觀者的注意力從被攝的情景轉移到攝影媒介本身，因而削弱了照片的記錄性功能。照片給予的是複雜的訊號。它呼籲：制止此事。它也驚嘆：多壯觀啊＊。

　　以一次大戰期間最令人泫然的一幀照片為例：一排遭毒氣薰瞎了眼睛的英國士兵，每人以左手搭於身前盲兵的左肩，遲疑地向更衣室踽踽蹀躞。這簡直就像是當時那批熾熱的反戰電影──金‧維多（King Vidor）的《大閱兵》（*The Big Parade*, 1925）、帕布斯特（G. W. Pabst）的《1918西線》（*Westfront 1918*, 1930）、路易‧邁史東（Lewis Milestone）的《西線無戰

＊ 1945年4、5月，由匿名見證者和軍隊攝影師所拍的柏根比爾辛、布痕瓦爾德和達豪集中營的照片，似乎尤勝兩位馳名的專業老手瑪嘉烈‧布克－懷特（Margaret Bourke-White）和李‧米勒（Lee Miller）的作品。但批評戰爭照片的美感過於專業化並非晚近之事。譬如渥克‧艾文斯（Walker Evans）就很厭惡布克－懷特的照片。艾文斯雖然曾為美國貧農拍過一部標題充滿諷刺意味的攝影集：《此刻讓我們歌頌名人》（*Let Us Now Praise Famous Men*），但他永遠不會為名人拍照。

事》（*All Quiet on the Western Front*, 1930）和霍華·霍克斯（Howard Hawks）的《黎明巡邏》（*The Dawn Patrol*, 1930）——之中的一個場面。戰地攝影對於重要戰爭電影中的戰鬥場景的重建，似乎除了給予靈感之外，也反過來成為其回響，這點開始為攝影者的功業帶來一些反效果。史蒂芬·史匹柏（Steven Spielberg）之所以敢宣稱《搶救雷恩大兵》（*Saving Private Ryan*, 1998）中那場盟軍在D-Day登陸奧瑪哈海灘（Omaha Beach）的場面真實可信，正是因為他據以重建的資料，泰半是羅勃·卡柏當年於登陸時刻英勇拍下的一批照片。然而，倘若某幀戰地照片看來像是某部電影的劇照，就算其中沒任何虛假造作的成分，其真實感也會大打折扣。在這波對抗「華而不實」的批判運動中，攝影師薩巴斯提奧·薩爾加多（Sebastião Salgado）一直是主要的攻擊目標，他的專長不只限於戰禍，還涵括世界各地的悲慘情事。薩爾加多那耗時七載的計畫——「移民：過渡中的人生」（Migrations: Humanity in Transition），尤其是眾矢之的，人們不斷抨擊那些構圖宏麗壯觀的巨大照片「太過電影化」了。

　　儘管可能不太公平，但在薩爾加多的展覽和攝影集中四處

可見的那些「人類大家庭」式的偽善辭藻，確實削弱了照片的效果。（不少令人崇敬的良心攝影家的宣言也是滿紙胡扯，大家卻不會認真檢視。）此外，有許多尖酸批評是肇自他那些悲慘的肖像照通常都是在極度商業化的環境中展出。然而問題仍是出於照片本身，而非展覽方式和展覽環境：這些照片以孤苦無告的蟻民百姓為焦點，卻又把他們打回孤苦無告的原形。值得指出的是，這些孤苦無告之人的姓名在圖片說明中一律從缺。拍攝人物照卻不列出對象的姓名，等於是在有意無意之間與名流文化同流合污，同時助長了對另一種截然不同的攝影口味的貪婪需索：只授與名流姓名，而將其他人貶降為他們的職業、種族及慘況的代表性樣本。薩爾加多的移民群像，把拍於三十九個國家之內的各種不同因由和類型的苦況，全都歸納於這個單一的標題之下。藉題材全球化而把淒惶放大，或許能激使人們多一點「關懷」。但也可能令觀者感到人間的苦難太過碩大無朋，太過無法挽回，太過宏偉壯麗，任何地區性的政治干預都無補於事。以如此龐然的幅度去處理這題材，徒然令人的同情心掙扎踉蹌，變得抽象不實。因為所有的政治，如同所有的歷史，都是具體而實在的。（可以肯定的是，沒有一位仔

細思量歷史的識者會認真看待政治。）

當偷拍的影像還未太普及流行之前，曾經有過這樣的想法：只要把人們應該目睹的情況展示出來，把某個悲痛的現實拉近一點，觀者就會有所感覺——有更強的感覺。然而環視當世，攝影已巧笑倩兮地承受消費主義的舞弄擺布，一張哀慟情景的照片能帶來多少效果，如今完全難以預期。此所以，具有敏銳道德感的攝影家和攝影理論，已開始日漸關注人的情愫（憐憫、同情、恚怒）如何被戰爭攝影所利用，如何機械性地被挑起。

身為見證人的攝影師可能認為比較誠懇的拍攝方法是化絢燦為平淡。然而西洋史上，絢燦卻是宗教引導人理解痛苦的重要方式。在兵燹及災害圖片中感受到基督教圖像的脈搏，不一定是濫情的反應而已。看到尤金・史密斯在水俁市所攝的那張照片：一名母親抱著她那畸形、瞎眼、耳聾的女兒[2]，很難不從中看出「聖母哀子像」（Pieta）的肌理；而唐・麥庫林那些

---

[2] 文中所指照片可參見 http://www.masters-of-photography.com/S/smith/smith_minamata_full.html。

越戰沙場的垂死美軍照片，也影影綽綽地反映著「基督降下十字架」（Descent from the Cross）的輪廓。然而這種可增添氤氳之美的文化感知，似乎正日漸消失。德國史學家芭芭拉‧杜登（Barbara Duden）曾經表示，數年前她在美國某州立大學教授一門人體繪畫史的課程，班上的二十名大學生中，沒有一位能指出她所放映的那張標準的「基督受鞭圖」（Flagellation）裡的主角。（有位學生大膽的說：「我想那是一張宗教畫。」）她表示，「基督受難圖」（Crucifixion）是唯一一張大多數學生勉強都能辨認的基督圖像。

○

　　攝影把一切客體化：把某人或某事轉變成某種可以擁有的物件。而照片是某種煉金術，因為它們被珍視為現實的某種透明觀照。

　　照片中的事物往往──或感覺上往往──「更好」看。所以照片的功能之一是改善我們平日所見的事象。（因此，一張照片若沒比真人實物好看，人往往感到失望。）美化是攝影機的經典功能，但很容易漂淡我們對圖中事物的道德反應。而醜

化，把事物最糟糕的面貌披露，卻有一個更現代化的功用：教化人心，邀請觀者做出反應。因為攝影如要控訴或甚至改變行為，就必須震嚇觀者。

舉例說：數年前加拿大衛生局估計，吸煙每年奪走了四萬五千條加國的人命！於是該局決定在每個香煙盒的警告句子旁附上驚心動魄的照片——罹患癌症的肺部，或中風後的腦，或受損的心臟，或因牙周病而來的血淋淋的口腔。一項民意調查曾計算出，附有照片和警句的香煙盒，其嚇阻癮海煙民的效果，比單以文字說明的包裝盒好上六十倍。

假設真的如此。我們仍不免疑問：效果能維持多久？震嚇有期限嗎？此時此刻，加拿大的煙民在看了照片之後的確凜然生畏。但如果類似的照片從現在開始連續五年一直印在盒上，煙民們還會受到影響嗎？震嚇會習以為常。震嚇會與時耗減。縱使震嚇可以長存，人們也可以掉頭不看。對於不安之事——這個例子裡是些令煙民不快的資訊——人總有方法應付。人有適應能力，這很正常。人們既然能習慣於現實生活中的恐怖，自然也能習慣於某些影像帶來的驚駭。

然而有些時候，重複暴露於令人震慄、傷感和驚怖的環境

之中，未必會吸乾人的滿腔熱情。慣性並非必然，因為影像（可以隨身攜帶，可插入任何場合）與現實生活仍遵從不同的法則。譬如對虔誠的教徒來說，耶穌受難圖便不會因年月而變得平庸或不顯眼。舞台性的表演甚至更明顯。日本最著名的民間故事《忠臣藏》，不論是以歌舞伎還是文樂還是電影方式演出，只要進行到主人翁淺野於切腹自殺之前駐足於櫻花樹下欣賞那易逝的絢爛的那一幕，日本觀眾無論已看了多少遍，總會黯然飲泣。對伊朗觀眾來說，講述伊瑪目‧胡欣（Imam Hussayn）這位殉道英雄遭背叛及謀殺的受難劇，無論上演了多少回，依然會令觀眾潸然淚下。他們哭，有部分是因為他們看過很多次。人們想哭。哀怨感傷，若寄存於故事之中，便不會耗損。

　　但人們想被驚嚇嗎？也許不。儘管如此，有些照片的震撼力還是不會與時稍減，部分是因為人們根本無法多看幾眼。總是見證著重大罪行的毀容照片，可以流傳青史，代價是人們不願多看：第一次世界大戰於壕溝煉獄中被剁割的臉；廣島長崎原爆生還者被燒蝕得傷痕斑駁的臉；或在盧安達胡圖族（Hutus）大屠剿行動中倖存的圖西族那刀痕滿布的臉。誰能說

人們可以**習慣**這些照片呢？

的確，我們對戰爭罪行或濫殺無辜的理解，正與我們對照片證據的期望息息相關。這些證據通常都是劫餘殘跡──赤棉的骷髏骨堆；瓜地馬拉、薩爾瓦多、波士尼亞和科索夫的巨型亂葬崗等。而這類劫餘的現實卻又是某些戰亂最鋒利的總結。誠如漢娜・鄂蘭（Hannah Arendt）指出的，二次大戰末期有關納粹集中營的照片及新聞片都誤導公眾，因為鏡頭下的集中營都是盟軍已進入之後的情景。這些令人齒冷的照片──堆疊如山的屍骸，形如髑髏的生還者──其實並非反映著最典型的營中生活，在集中營最活躍的時刻，囚犯們是有系統地遭到殲殺（是被毒氣毒死，而非餓死或病死），隨後立刻焚化。然而照片與照片之間會互相呼應：1992年在波士尼亞北部奧瑪士加（Omarska）塞爾維亞集中營拍攝的那些骨瘦如柴的波士尼亞俘虜，很難不令人聯想到1945年的納粹集中營照片。

暴行照一方面能說明，一方面也能加強指控。照片略過慘遭遇害的精確數據（通常最初都會誇大一點），只提供一個無法抹滅的樣本。照片的說明功能完全不受見解、成見、狂想，甚或錯誤資料所影響。雖然資料指出，巴勒斯坦人在葉寧難民

營攻擊事件中的死難人數，（如同以色列一直堅稱的）遠少於巴勒斯坦官方公布的誇大數字，然而這類數字訊息的影響力，遠比不上那些被夷為廢墟的難民營照片。當然，世間有許多罪孽都缺乏著名的攝影證據去烙印人心，或是僅留下極為稀少的影像：例如德國殖民政府在1904年下令片甲不留地屠殺納米比亞（Namibia）的赫雷羅人（Herero）；又如日軍侵華的暴行，特別是發生於1937年12月，造成四十萬華人喪命，八萬婦女被姦的南京大屠殺；還有1945年蘇聯司令官於柏林攛掇軍士強姦十三萬婦女（其中一萬名羞憤自盡）的獸行。這些事件都因為圖片稀罕而顯得較為遙遠。這些回憶也很少人願意保存。

　　某些熟悉的照片建構了我們的當代感。照片築出資訊參考的路途，豎起奮鬥目標的圖騰：有時一幀圖片比吶喊口號更易凝聚群眾的情緒。照片也有助於建構——和修正——我們對較久遠時代的印象：從未面世的照片突然流傳，往往能引發隔世的震盪。人人都認識的照片，如今已構成某個社會選擇——或聲稱要選擇——去思考的課題。它把這些想法稱為「記憶」，但長遠而言，那根本是虛構。嚴格說來，並沒有「集體」

（collective）記憶這回事——那就像集體罪惡一樣，都屬於幾可亂真的虛假意念。不過集體教誨卻是有的。

　　所有的記憶都是個人的，無法再殖衍生的——會隨著每人的壽命同殞。所謂集體記憶並非一種回憶，而是某種約定：約定這很重要，關係著某宗事件的來龍去脈，並以某些圖片把這故事緊鎖在我們腦海裡。不同的意識形態各自創造了可供佐證的影像檔案庫；代表性的影像綜合了大家認同的重要意念，能挑起意料之中的思想與情感。那些宛如海報的照片——核子試爆的蕈狀雲、金恩博士（Martin Luther King）於華府林肯紀念館前的演說、太空人登月等——相當於視覺版的新聞語萃。它們以如同郵票般坦率直接的方式，紀念著某些重要的歷史時刻；事實上，那些炫耀勝利的（除了核爆之外）照片確實變成郵票了。尤幸，納粹集中營的照片中並無代表作。

　　歷經一個世紀以來的現代主義，藝術創作日漸被轉化為最終命運是寄存於某博物館的一種活動，所以現時許多照片的命運最終也是在博物館之類的機構裡收藏及展出。於這類暴行的檔案庫中，種族大屠殺的照片尤其經歷了最大規模的機構化發展。為不同的遺物設立公共儲存庫的目的，是要確保相關的罪

行能繼續屹立於群眾的意識之中。這種保存行徑被稱為「追思」（remembering），但其實遠不止追思而已。

當代的紀念博物館如雨後春筍般冒現，其實是肇於對1930和1940年代歐洲猶太人坎坷命運的哀思、憑弔，其結果包括耶路撒冷的「名留天地」博物館（Yad Vashem）；美國華盛頓特區的猶太大屠殺紀念博物館（Holocaust Memorial Museum），以及柏林的猶太博物館。大屠殺的照片和重要遺物必須長期地流傳下去，以不斷曉諭世人。記錄一個民族的苦痛和殉難的照片，不只提醒我們要記得死亡、淪落和犧牲。它還喚起了脫困求存的奇蹟。想要讓記憶永存不竭，等於得肩負起——藉聖像般的照片之助——不斷更新和再造記憶的義務。人們期望能重訪和翻新他們的記憶。現時許多曾經受害的民族，都希望擁有一座記憶博物館，一座廟宇，內部陳列著全面的、按年份編排的、充滿插圖的有關他們苦難的敘事。例如，亞美尼亞人一直力爭在華盛頓特區興建一座博物館，好令他們曾遭鄂圖曼土耳其人族滅的回憶得以制度化地保存。然而為什麼要在華盛頓特區呢？這個大部分居民恰巧是非裔美國人的美國首都，卻沒有任何一座奴隸歷史博物館？事實上，全美各地找不到任何一座

奴隸歷史博物館，其中展示全盤的黑奴歷史——從非洲的奴隸
貿易以迄今天——而不只有諸如「地下鐵道」這類北方白人協
助南方黑奴爭取自由的篩選性故事。人們似乎認為，去觸發和
擦亮這類記憶太過危險，可能會擾亂社會安寧。猶太大屠殺紀
念館及未來的亞美尼亞滅族紀念博物館，都是有關一些不在美
國境內發生的大事，這類追悼活動不致挑起一些啣恨多年的本
土社群起而對抗政府。在美國成立一座博物館來展示非洲奴隸
史所蘊藏的滔天罪行，等於是承認這類邪惡也會生於**此地**。美
國人寧願想像邪惡只存於**別處**，而美國這個獨一無二的國家
——自開國以來從無昭彰的惡徒當上總統——與奸邪完全無
涉。美國是個常規之外（exceptionalism）的國家這想法，根植
於其建國張本的革新性上，至今仍然深入民心。這信念不太接
受美國——如別的國家一樣——也有其悲劇性的往昔。「美國
歷史就是進步的歷史」，這個全國性的共識給了美國人一個簇
新的背景去鑑賞那令人不快的照片，令美國人在瞻眺國內或國
外的醜行時，都把自己視為解決所有錯誤的萬靈丹。

○

　　即使在這網路的時代，心靈的感覺仍如古代哲人所想像的，是一個內在的空間，就像劇院一樣，我們在裡面「拍照」（picture）[3]，而正是這些「照片」容許我們記憶。問題不是人們憑藉照片記憶，而是人們可能只記得照片，經由照片而來的記憶，讓其他形式的理解和記憶都黯然失色。集中營——也就是1945年盟軍破營時所拍的那些照片——是大部分人對納粹德國和二次大戰所帶來的災痛的聯想。可怖的死亡狀況（無論因為滅族屠殺、飢餓還是瘟疫），則是大部分人對後殖民非洲——不論其千絲萬縷的家國內的不公與發展的挫敗——的唯一印象。

　　追憶，越來越像是喚起某張照片，而不是想起某個故事。即使如謝巴德（W. G. Sebald）[4]這樣一位浸淫於高雅莊嚴的十九世紀及早期現代主義文學裡的作家，在他緬懷失落的生命、

---

[3] 也可解為想像。

[4] 謝巴德（1944-2001），出生於德國的猶太裔英籍小說家，2001年出版了半自傳性的小說《奧斯特里茲》（Austritz），講述一個四歲被父母送往英國因而逃過納粹大屠殺的猶太小孩，在中年之後返回幼時小村的種種故事，該書匯集了個人回憶錄、歷史和文學傳記，而成為沉思錄、哀歌和浮生錄。

失落的大自然、失落的市景的敘事裡，仍感到要如種稗一樣散下許許多多老照片。謝巴德不只是位弔亡專家，他甚至是位激進的弔亡專家。在他追憶之時，他要讀者也與之一同追憶。

　　愁雲慘霧的照片不一定會失掉其震懾能力。但它們助人理解的功用不大。文字敘述能助人理解。但照片做的是另一件事：它魘著我們。且讓我們以波士尼亞戰亂中一張令人難忘的影像為例[5]。《紐約時報》駐外特派記者約翰・基夫納（John Kifner）曾這樣描述它：「那嚴峻、來自巴爾幹戰爭中最歷久不衰的影像之一：一位塞爾維亞的志願軍，腳踢一名垂死的伊斯蘭女子的頭部。這張照片令一切不言而喻。」但當然，這張照片並未告知我們所需知道的一切。

　　攝影師朗・夏懷夫（Ron Haviv）提供的說明告訴我們，該照片拍於1992年4月的比謝連拿鎮（Bijeljina），那是塞爾維亞派兵肆虐波士尼亞的第一個月份。我們見到一位身穿軍服的士兵，瀟灑年輕的背影，太陽眼鏡架在他頭顱頂上，左手的中

5 照片可參見 ttp://www.bloodandhoney.com/nyt.html，或《蘇珊・桑塔格文選》頁207。

指與無名指間拈著根香煙，右手揮擺步槍，右腳懸空，將要踢向人行道上、伏於兩具匍匐地面的身軀之間的一名婦女。照片沒有告訴我們她是伊斯蘭教徒，雖然人們多半會把這標籤貼在她身上，要不然她怎麼會於一些塞軍的監伺下，與其他二人，像死人一樣（基夫納為何用「垂死」一詞呢？）伏在地上？其實，這張照片告知我們很少資料──除了戰爭儼如地獄，年輕俊俏的青年可以全無內疚地腳踢一名身軀臃胖的年邁婦女的頭顱，雖然她無助地伏在地上，甚至已然身亡。

波士尼亞的暴行照片很快於事後散布開來。越戰時代的照片也是這樣，例如朗・哈貝里（Ron Haberle）的照片佐證了1968年3月一隊美軍在美萊村（My Lai）屠殺五百多名手無寸鐵的平民。這些照片支撐著公憤，對制止這場遠非不可避免、遠非棘手難解、而且可以更早結束的戰爭，起了重大作用。所以這類照片，無論多麼不忍卒睹，我們都應責無旁貸地正視，因為我們可以立刻做點什麼，來阻抗圖中的處境。然而，當我們獲邀觀看的是一些未曾發表的照片，圖中畫面是遙遠的昔日干戈，那麼就有另一些課題值得我們思考。

例子：一輯紀錄了1890至1930年代間，黑人在美國小鎮

內慘遭私刑的照片。對成千上萬個於2000年在紐約市看過這場展覽的觀眾來說，這些照片真恍如青天霹靂。私刑照片告訴我們人心的險詐，人可以如何泯滅天良。它們同時也強迫我們去思考：種族歧視可以衍生多麼無窮的罪惡。而助長這罪惡的另一內在本質是：無恥，竟然連這樣的照片都可以去拍。拍這些照片的人想保存一點紀念品，其中有些還印成明信片；照片裡有不只一小撮齜牙咧嘴的旁觀者——可以肯定他們大部分是一些會在週日上教堂的好市民——在那些慘受蹂躪、燒成焦炭的屍體下擺pose拍照。在這些照片展品之前，我們也淪為旁觀者了。

為什麼要展示這些照片？令我們驚醒震怒嗎？令我們「於心不安」——也就是要我們震慄及哀傷？幫我們誌哀？真有「需要」看這些圖片嗎？即使這些慘案已經年代久遠到無法懲治兇徒了。看這些照片會令我們變得更好一點嗎？它們真的教曉了我們一些東西嗎？抑或它們只不過肯定了我們已經知道（或想要知道）的歷史事實？

這些問題都在展覽期間及之後被人提出。這些圖片已選輯成書，名為《再無庇蔭》（*Without Sanctuary*）。書中指出：有人

批評舉行這類凶暴展覽根本並無必要，只是不輟地提供黑人受害者的影像以饜足偷窺者所好——或令人腦筋麻木而已。然而，該書表示，當代人有責任去「檢驗」（examine）——較有醫療口吻的動詞「檢驗」替代了「觀看」（look at）——這些照片。書中進一步辯稱，接受這項展覽的試煉將有助於我們理解：這類獸行並非某些「野蠻人」的行徑，而是反映了一整套信仰，即種族主義——把某些人界定為低人一等之後，就能賦予私刑及宰殺一份合法性。然而，也許他們**正是**野蠻人。也許**這些人**就是大部分野蠻人的長相（他們看起來就跟所有人一模一樣）。

再進一步，某人心目中的「野蠻」，對另一人來說不過是「隨波逐流」而已。（有多少人能做得比「隨波逐流」更好呢？）問題是：我們想責怪誰？或更精確地說，我們相信我們有權責怪誰呢？廣島和長崎的小孩子，跟那些於美國小鎮遭宰殺後吊於樹上的年輕非裔美國男人（和一些女人）一樣清白無辜。1945 年 2 月 13 日（二次大戰末期）的晚上，超過十萬平民，其中四分之三是婦女，於德國德勒斯登（Dresden）慘被炸死；廣島原爆令七萬兩千個平民「毀於一炬」！我們可以繼

續點算下去。再一次，我們想責怪誰呢？在返魂無術的往昔裡，哪些凶殘往事是我們覺得更有義務去重新訪尋的呢？

也許，若我們是美國人的話，刻意去搜尋受原爆炙熔的病人照片，或在越戰中受凝固汽油炙傷的平民照片，我們會覺得那有點病態，但我們有義務去觀看那些私刑圖片——如若我們隸屬於思想正確的一群，今時今日，這群人的數目已異常龐大。進一步去認知曾經存在於美國歷史上、而且被大多數人視為無須質疑的殘酷奴隸制度，是過去數十年來，不少歐裔美國人在責任感的驅使下覺得有必要支持的一項全國性運動。這項迭有進展的運動是公民道德的一大成就，一大里程。然而承認美國曾濫用槍火（那是戰爭律法中的嚴重罪行），卻不是舉國樂意追究的。如果有人倡議興建一座美國戰爭博物館，內容包括1899至1902年間，美國在菲律賓剿殺游擊隊的惡毒戰役（馬克‧吐溫曾專門痛詆此役）；以及把1945年關於應否在日本運用核武的正反意見，連同之後的原爆災情照片一道展出，這提議一定會被斥逐為太不愛國——尤其是在當前這個時刻。

6.

人可能因責任感去觀看記錄暴行凶案的照片。人也可能因責任感去思考觀看這類照片的意義,去思考我們能消化此等照片內容的能耐。然而並非所有人都是尊崇理智及良知而去觀看這些照片。大部分表呈暴虐受創之軀體的圖像,都會撩起觀者心中的淫邪趣味。(《戰爭的災難》是個突出的例外,哥雅的畫面不可能以猥邪的心態觀看。這些版畫並不耽溺於人體之美,畫中的身軀都那麼沉重,或穿著累贅的厚實衣物。)所有表呈美麗肢體遭受犯侵的影像,都於一定程度上帶有色情(pornographic)的成分。但令人噁心的影像也有其魅力。人人都知道,當公路上發生一起傷亡慘重的車禍時,行經的車輛往

往往會放慢速度，那不僅是因為駕駛人感到好奇，也是因為他們之中不少人想看到一些血淋淋的景象。把這種心態稱為「病態」，似乎是將之視為罕見的越軌意慾，然而人們受這類場面吸引的情況卻不罕見，那是一股會致人內心矛盾的不竭泉源。

　　就我所知，最早一段承認受傷軀體深具魅力的文字，也在描畫人心的掙扎。在柏拉圖《共和國》的第四章，蘇格拉底敘述人的理智如何可以被低下的慾望降服，令人的自我對其本性的某些部分心生憤慨。柏拉圖一直在發展一套心靈功能的三重論，包括理智、憤懣或恚怒，以及嗜好或慾望──遙啟著佛洛伊德的超我、自我及原我說（差別在於，柏拉圖把理智放在最上層，而良心──由憤懣代表──處於中層）。在論述的過程中，為說明人如何可以不由自主地向一些可憎的魅惑屈服，蘇格拉底講述了一個亞格利安（Aglaion）之子里安提亥斯（Leontius）的故事。

　　　他某天從比里夫斯港（Piraeus）前來，到達北城牆牆外
　　時，他看到刑場內躺著一些囚犯的屍體，劊子手站在中
　　間。他想走過去看，但又同時感到驚怖厭惡而想轉身離

開。他搗著雙眼在內心掙扎了一會兒，但最後慾望勝出。他遂睜開雙眼，衝向屍首，大叫：「你在這兒了。天殺的，把這可愛的景象看個飽吧！」

柏拉圖沒有選擇那些更常見的例子，那些不恰當的或有悖法理的色慾狂情，來闡明理智與慾望的衝突，他似乎毫不質疑我們具有這樣的嗜好——以眼饕餮別人的卑辱、痛苦及傷殘。

在討論苦難及暴行照片的效果時，我們當然必須把這卑下本能的暗流考慮進去。

在文化剛萌芽之際，坦承人有天生的暴戾傾向也許不那麼難。在《關於我們的美與雄渾意念之來源的哲學探討》（ *A Philosophical Enquiry into the Origin of Our Ideas of the Sublime & Beautiful, 1757* ）一書中，艾德蒙‧柏克（Edmund Burke）曾說：「我深信，面對真正的災禍和他人的痛苦時，我們會有某種程度的欣喜，而且不只一點點……我們最熱切的追尋，正是旁觀異乎尋常的、淒慘的禍害。」威廉‧黑茲利特（William Hazlitt）於他討論莎劇中的伊亞果（Iago）[1] 及舞台上的奸雄之魅力的論文中，問了一個問題：「為什麼我們總愛讀報上的可

怕火災及駭人的凶殺案？」他答道：因為我們「喜愛禍事」。
這份對暴戾的愛戀，他認為與惻隱之心一樣，都是人與生俱來
的。

　　揣摩情慾的偉大理論家喬治‧巴他以（Georges Bataille），
一直在案頭——這樣他就能每天看到——擺放一幀1910年攝
於中國的照片，圖中是一名犯人遭受凌遲處死的場面。（這照
片因而在西方知識界傳頌一時，巴他以在生前出版的最後一本
書《愛慾之淚》〔 *Tears of Eros*, 1961〕裡，將它收錄其中。）他
說：「這照片在我生命中有決定性的影響。我對這幀照片的沉
迷從不稍懈：這痛楚的影像，令人狂喜又難以承受。」[2] 根據

---

1 故佈疑陣，令奧賽羅誤信愛妻偷情的壞蛋。

2 《愛慾之淚》的英譯本也印出這一系列的凌遲照片。巴他以點出受刑者有時被餵吸
鴉片以延長處罰時間，所以臉上會流露「狂喜」。他這名著很難斷章取義討論——
卷首從遠古的居穴人壁畫中，巴他以探測人獸之別：上古的人早留下性愛藝術，然
而性所表呈的也是「人誰無死」的感知。巴他以用這輯凌遲照片總結全書，尋索宗
教狂喜與「情慾主義」（eroticism），特別是性虐待狂的關係。巴他以的「情慾主義」
與一般的「情慾」不同，前者包含了死亡的自覺。人超越自我的——宗教的——經
驗，同時開啟陰陽兩極的世界：
　「我忽爾了悟／所見，那囚鎖我於痛苦之中，又同時把我從中釋放的是完全對立
　——太上的狂喜與其反面：無盡的恐怖——但兩者又是一而二，二而一的。」
（*Tears of Eros*, Peter Connor tr., City Light Books, 1989, p. 207）

巴他以的看法，沉思這影像，可以在挫傷著感知的同時，又釋放出被視為禁忌的愛慾知識──一組必定會讓許多人難以嘉許的複雜反應。對大部分人來說，那影像簡直難以忍受：那個雙臂已失，遭快刀剁切的犯人，體膚已被削剝得七零八落。那是照片，不是繪畫；是現實人生中的馬西亞斯，而不是神話傳說中的。他似乎仍活著，朝天的臉上，表情恍似欣慶若狂，像義大利文藝復興畫中萬箭穿身的聖塞巴斯蒂安（Saint Sebastian）。做為被沉思的物象，凶劫的影像滿足了多重的需要。令人堅硬一點以面對內心的軟弱。令人更麻木。令人接受生命中不可挽回的創傷。

　　巴他以並不是說他因為見到極刑而歡欣。他是說：他能想像極度的痛苦超越了痛苦本身，而成為一種轉化的經驗。這種對受難和他人之痛苦的看法，深植於宗教思維當中，把痛苦與犧牲相連，把犧牲與亢奮相結。但這看法與如下的現代感知格格不入：視痛苦為一項錯誤、一宗意外或一起罪惡。需要被糾正，需要被拒絕。痛苦徒然令人感到無力。

○

面對這類由照片所帶來的遠方災痛的知識，我們該做些什麼？人甚至對熟稔之人的痛苦也不一定會生出同感。（佛德烈・懷斯曼〔Frederick Wiseman〕的電影《醫院》〔*Hospital*〕，是處理這主題的精采文獻。）儘管有這麼多偷窺的快感，還有那份心照不宣的滿足──這與**我**無關，不是我生病，不是我面對死亡，不是我陷身烽火──但人們不願處身置地設想他人的磨難，即使是他很容易認同的人，這似乎很正常。

1993年4月，我初次到訪塞拉耶佛，遇上一位塞城市民，這位精誠不懈，與南斯拉夫多元文化理想亦步亦趨的女士曾這樣說：「1991年10月塞市仍很安寧，我安坐於自己舒泰的寓所內看著波士尼亞電視台播放塞爾維亞人在克羅埃西亞的獸行，那不過距塞市兩百多哩而已。我記得某天晚上新聞播放弗科瓦城（Vukovar）慘遭蹂躪的片段；我當時心想：『多可怕！』然後就轉了頻道看另一台。若法國、德國、義大利的人民日復一日地看到電視上的塞城殺戮，也是喊一聲『多可怕！』之後就轉看別台，我怎會大驚小怪？那是人之常情吧！」她那苦澀的自我譴責的要點是，人一旦身處安逸，就會變得冷感。然而一位塞城市民不願面對正發生於國內別處的慘變，其動機

很可能與外人對塞城的掉頭不顧並不相同。她所寬容的外人的
涼薄，是源於一份大家共有的無能為力感。而她自己不願注視
近身戰禍的影像，卻是肇自無助與恐懼。

　　人們熄機轉台，不全因為川流不息的影像令他們淡漠，也
可能因為害怕。人人可見，在大眾文化——電影、電視、漫
畫、電腦遊戲——之中，人們對暴力及虐待影像的容忍度可說
越來越高。四十年前令我們難以卒睹、退縮不安的厭惡影像，
如今的青少年觀眾卻是眉眼不皺地觀看著。對不少身處現代文
化的市民來說，亂砍亂殺的娛樂性實多於其嚇唬力。但人們不
是觀看所有的暴力都抱著同樣漫不經心的態度。某些災禍確實
較適合做為反諷的題材＊。

　　因為波士尼亞戰火不絕，因為元首們說那是群國束手的處

＊ 安迪・沃荷（Andy Warhol）這位死亡的鑑賞家及冷感之樂的高級祭師，就是一個
　很好的例子。沃荷嗜用各種不同的暴斃照片及新聞（撞車、墜機、自殺、行刑
　等），但他的絹印作品總是將戰死沙場者拒於門外。他會採用電椅的新聞照或小報
　的驚悚頭條：「129人墜機身亡」，但他不會採用「河內遭轟炸」。沃荷唯一絹印過
　的一張有關戰禍的圖片，是已經變成圖像標誌的，也就是已成濫調的原爆蕈狀雲，
　他讓那幅影像重複出現，宛如整版郵票（就像夢露、甘迺迪夫人賈桂琳和毛澤東等
　人的臉孔），以展示其無法穿透的神祕、其吸引魅力，以及其平庸的日常味。

境，於是外國觀眾熄掉電視上的駭怖影像。因為戰爭，不論什麼戰爭，都似乎難以遏止，於是人們對恐怖的人禍減低反應。然而憐憫是一份不穩定的感情，若不形諸行動的話，它會萎凋。問題是如何處理被牽動的情愫，那些藉傳播而得的知識？若誰覺得「我們」不能有何作為——那這個「我們」是誰呢？「他們」也不打算有任何行動——那「他們」又是誰呢？於是人開始感到鬱悶、犬儒、漠然。

受到感動不一定是宗好事。濫情（sentimentality）[3] 可以醜臭地與嗜啖畸暴或更糟糕的口胃相結合。（最經典的例子是奧許維茲〔Auschwitz〕集中營的納粹軍官，他們日薄歸家時，摟妻吻女，晚飯前於客廳鋼琴上彈奏舒伯特的樂曲。）人並非因為受到**數量龐雜**的影像衝擊而變得無動於衷——若這是個適恰的形容。令感受呆滯的原因是有所感而無所行動。所謂冷感，所謂情感與道德知覺的痿痺狀態，其實充斥著憤慨與受挫的情緒。若要從人的七情之中挑選最佳之「情」，那顯然不是憐

---

3 張愛玲曾音譯為三底門答爾。在〈談看書〉一文內，張指出這「這情感是文化的產物，不一定由衷，又往往加以誇張強調」。

憫。認為影像帶出的悲憫之情，能令——透過電視特寫鏡頭看到的——遠方的受害者與優哉游哉的觀眾變得天涯若毗鄰起來，根本不切實際，徒然掩蓋了我們與權力之間的切實關係。我們感到憐憫，指的是我們感到自己不是釀造災痛者的幫兇。我們的憐憫宣告了我們的無辜清白，以及我們宛如真切的無能為力感。甚至可以說，不論我們懷抱多少善意，憐憫都是個不恰當，甚或隱含侮辱的反應。把我們對戰燹烽煙、板盪世情中偷生的黎民的憐憫挪開吧！不如去反省為何身處於同一張地圖上，我們如此矜貴，他們如此潦倒——我們可能不願意這樣想像下去吧——這種我貴他賤可能是血肉相連的，因為少數人的優裕可以導致許多人的窮愁困蹇。對這類自省的歷程，那些令人心痛斷腸的照片只能為我們提供那最初的激發火花。

7.

有關攝影的衝擊，流傳著兩種廣泛的看法——如今都近乎淪為陳腔濫調了。因為我發現這些意念也曾在我自己談論攝影的文集中出現——那批文章中最早的一篇寫於三十年前——我是情不自禁地與往昔之我爭辯起來。

第一種看法是：公眾的注視是由「傳媒」——即最具決定性地由影像——所引導。有照片為憑時，某戰事就「成真」了。所以，反越戰的抗議經由攝影推波助瀾而成氣候。也是因為所謂「CNN效應」，塞拉耶佛的圍城困境才能不輟地接踵三年，夜復夜地於千家萬戶的客廳螢幕上播出，而終令公眾感悟到必須對波士尼亞的種族仇殺採取行動。這些例子說明了照片

具有無比的影響力，可以框引我們所留意和關注的災禍與危機，以及我們最後對這些衝突的評價。

第二個看法似乎是前述觀點的反面。那是說，於一個影像飽和的，不，該說是超飽和的世界，我們應當關注之事對我們的擊撞越來越少：我們已經麻木不仁。最後，這類影像只令我們變得更冷漠，良心生出硬皮，插刺不入。

在輯錄了六篇文章的《論攝影》（On Photography, 1977）的啟卷文中，我曾提出：一樁藉由照片而為世人知曉的事件當然比匱乏照片的事件更形真實，然而在反覆不斷的曝光之後，事件又會變得沒那麼真實。我還寫下：照片於撩動憐憫之情的同時，亦令其枯萎。真的嗎？在我寫下這些思緒那時，我確實這樣想。但今天我卻不那麼肯定了。說照片的衝擊日形纖弱的證據何在？說我們這觀者文化日漸中和了暴行照片的道德力量的根據又何在？

這問題的竅門其實關係著新聞的重要媒介──電視。影像的衝擊力會因應用的方式、因在何地出現以及出現的頻繁程度而枯竭。出現在電視上的影像，注定遲早會令人倦怠。觀眾看似淡漠的反應，乃肇自電視藉著不輟的影像撩撥及填灌給觀眾

的那種不穩定注意力。雜沓擠擁的影像令觀眾的專注變得輕淡、流逸，不那麼著意內容。川流不息的影像反而讓影像無法脫穎而出。電視的重點就是可以轉台，於是觀眾自然會轉台，會變得焦躁、無聊。消費者昏昏欲睡。他們需要不斷刺激、不斷預熱啟動。內容不外就是提供這類刺激的元素。若要對內容做出富有反省力的接收，需要一定程度的專注，然而觀眾並不期待傳媒散播的影像具有值得反省的內容，因此其專注力遂跟著衰退；傳媒不斷將內容濾除，是窒息觀眾情緒的最大禍首。

○

　　說現代生活總是以暴戾餵養我們，而我們不知不覺慢慢習慣而被腐化了——這理論是對現代世界最古老的抨擊。1800年，華茲華斯（William Wordsworth）在《抒情歌謠》（*Lyrical Ballads*）中指斥人的感性正遭腐化，因為「每日都有國家大事發生，而人口不斷麇集都市，城市人口的職業單一性令他們冀盼一些異乎尋常的插曲發生，令他們每小時都興高采烈、喋喋不休地摭拾各種小道消息」。這種過分刺激的過程「磨平了心智的明辨能力」，而「淪落至蠻人般的懵懂」。

　　這位英國詩人（在1800年！）特別點出：「每日」的大事和「每小時」「異乎尋常的插曲」新聞，磨笨了人的心智。至於究竟是怎樣的大事和插曲，他悄然敬謹地留給讀者去想像。六十年後，另一位大詩人及文化診斷家提供了一個較為激昂的指責版本——因為他是法國人，所以其誇華的傾向正與英國人的低調取向各擅勝場。這是1860年代初期波特萊爾（Charles Baudelaire）在他的筆記簿中寫下的一段：

　　　　只要你看報，不論是何年何月何日，你不可能不在每一行的字句之間發現人類可怕、畸怪的痕跡⋯⋯每份報紙，從第一行到最後一行，不外是一連串凶暴的纖維。戰禍、罪案、偷竊、淫行、刑罰、個人的與王孫貴冑的與國家的猥惡作為，一幅無遠弗屆的殘戾雜交大會。而這是文明人每天早餐吞下的可憎開胃菜。

　　波特萊爾年代的報紙還未刊登圖片。他是在控訴當年的布爾喬亞一邊坐著吃早餐，一邊飽覽報上禍世殃民的情事。這與當代社會的批評何其類似，我們每天看電視、閱早報，對世間

的洪水猛獸越來越習以為常。新的科技甚至能提供永不間斷的資訊，只要我們有時間，就可以看到源源不絕的災劫淫暴圖片。

　　自從《論攝影》後，許多評家曾說，顛簸戰禍——感謝電視——已變成每晚客廳裡的平淡家常。我們的世界遭影像——那曾經嚇唬及令我們震怒的影像——氾濫，我們已喪失了回應的能耐。人的悲憫之情，早被推到極限，已然麻痺。這些都是耳熟能詳的診斷。然而這類言論是在要求些什麼呢？把血淋淋的影像削減配額——例如，每星期一次——就能夠維護其振聾發聵的威力嗎？或更廣泛地說，就能達致如同我在《論攝影》中提出的「影像的生態平衡」（ecology of images）嗎？這世界不會出現影像的生態平衡。也不會有監督委員會去配給驚怖，以令我們更易駭愕。而人間獸行也不會停止。

○

　　我在《論攝影》中曾提出一個看法——我們能夠以新鮮的情感和適恰的德性對我們的經驗做出反應的能耐，正被這些過分洶湧的駭人影像不斷磨損。這種看法可以稱之為保守派的批

評。

　　我將這論點稱為「保守派」（conservative），是因為該論點認為：受到腐蝕的是對現實的**感知**（sense）。現實依然存在，不論有多少嘗試企圖拆破其權威。這理論其實是在「保」護現實，以及「守」衛那些能夠更充分地對現實做出反應但卻岌岌可危的準則。

　　這類批評更激進──更犬儒──的版本是：根本沒有任何東西需要我們去維護：現代之大嘴把現實嚼碎了，然後吐出一整團穢物當做影像。根據一些很具影響力的分析，我們是存活在一個「觀覽物的社會」（society of spectacle）。任何事物都要轉化為觀覽物，對我們而言才會成真──也就是，才會有趣。人也冀盼自己變為影像：是為「名人」。現實早已從人間退位。一切都只是被表呈的物象：只是媒體而已。

　　這些俱是華美的辭藻。但對許多人來說，很具說服力，因為現代文明的特色之一，就是人喜歡感覺到自己能搶先走在自身的經驗之前。（這派見解特別見諸紀・狄波〔Guy Debord〕晚期的著作還有尚・布希亞〔Jean Baudrillard〕的作品，前者認為他不過是在描述一個幻相、一宗騙局；後者聲言他確信現

世僅存影像，擬像的現實。這派似乎是法國人的專長。）現時常有人說戰爭，正像所有宛如真實的一切，不過是「傳媒化」（médiatique）的衝突。這是多位於圍城期間即日往返塞拉耶佛的法國名流——包括安德烈・格魯克斯曼（André Glucksmann）[1]——的診斷：這場戰爭的成敗與塞拉耶佛甚或波士尼亞境內發生的任何事情無關，關鍵是發生在傳媒內的報導。不斷有人聲言「西方社會」越來越視戰爭為觀覽物。有關現實死亡的報導——如同理性之死、知識分子之死、嚴肅文學之死——似乎經常被許多人不加思索地接受，這些人也正嘗試去理解當代政治與文化中令他們感到錯誤、空虛，或愚蠢地勝而為王的一切現象。

　　說現實變成了觀覽物是一種令人咋舌的坐井觀天的觀點——把富裕社會少數有教養之人的觀看習慣視為普世通行的現象。在富裕社會內，新聞已蛻化為娛樂，這種成熟的觀看方式是「現代人」新添的主要行頭，也是拆卸傳統的黨派政治——亦即能真正表達歧異和進行辯論的政治形式——不可或缺的利

---

[1] 法國當代著名哲學家，1970年代法國「新哲學」潮流的代表人物。

器。它假設所有人都是旁觀者。叛逆而玩世不恭地指出：世上並無真正的苦難。在那些優游富裕的地區，人的確有旁觀，甚或懶於旁觀，他人之痛苦的曖昧特權，然而把世界與這些地區等同齊觀，卻是荒謬可笑。同樣荒謬的是，以那些對戰亂烽燹、滔天不公、慘酷不仁全無第一手理解的新聞吸納者的心態，去概括所有人對災難反應的能力。這世上有千百萬觀眾根本無法對電視裡的資訊習以為常、無動於衷。他們享受不到那份對現實紆尊降貴的奢侈。

指稱殘屍影像的效果幾告盡失，這是都會世界的陳腔濫調，這類論據的流傳本身，便表露了某種內在的犬儒心態。即便戰爭的影像依然如人們今日相信的那樣重要，總還是有人會去質疑這類照片的利益牽扯，以及拍照者的心態意圖。這樣的反應來自光譜中的兩個極端：那些從不曾接近戰爭的犬儒派，或些因戰況而不勝困憊的局中人——他們正承受照片中的苦楚。

現代文化的市民、視暴力為觀覽物的消費者、擅長貼近刺激又不致身受其害的行家，他們早已深受調教，懂得犬儒地懷疑「誠懇」的可能性。永遠有人會用盡方法去禁止自己的情感

受到觸動。還是這樣容易多了——坐在椅上，遠離災厄，宣稱自己高人一等。事實上，在討論戰地攝影這門職業時，總是不斷有人把見證兵燹的努力嘲諷為「戰禍旅遊」。

總是有人認為這類照片只迎合了下三濫的趣味，只不過是商品化的鬼惑刺激。在塞拉耶佛的圍城歲月裡，經常可以在轟炸或狙擊的隆隆砲聲中，聽到某人向攝影記者——他們因頸項所懸的照相機而容易辨認——大叫：「你正等著某些炸彈爆發，好去拍些死屍照嗎？」

他們有時候的確在等，但不如人們想像地那樣頻繁，因為置身於槍林彈雨之間，戰地攝影師命喪當場的機會與他們瞄向的人物也差不了多少。此外，做一篇好報導並非這些採訪圍城的勇敢記者的唯一動機。整場戰亂期間，大部分的資深記者並不中立。塞市人也確實盼望他們的危城困境能獲得圖片記錄：受害者對自身苦痛的表呈特別有興趣。但他們也渴冀別人視他們的災痛為獨一無二的。1994年初，英國攝影記者保羅‧婁爾（Paul Lowe）——他已在圍城住了一年多——在一間半毀的畫廊內舉行展覽，展出他的近作及數年前他在索馬利亞（Somalia）的舊作。塞市人雖然熱切想要目睹新照片記錄他們不斷被摧滅

的城市，卻對展覽會包含了索馬利亞的照片拂然不悅。婁爾把事情想得很單純。他是專業攝影家，他最引以自豪的就是這兩輯作品。對塞市人來說，這事也很單純。把他們的災困與另一群人的苦楚相提並論，等於是在作比較（哪一個是更不堪的地獄？），等於是把塞市的苦難折磨降級為眾多例子中的一個。他們宣稱：塞市的生靈塗炭與非洲的禍患並無關聯。他們的悲怒無疑滲染著種族歧視的色彩——塞市居民反覆不竭地提醒外國友人，波士尼亞人是歐洲人——但即使把車臣或科索夫的平民殤照放在展覽會中，他們大概也會反對如儀。把自己的苦難與別人的痛楚等同並列，真是情何以堪！

8.

　　點出一個地獄，當然不能完全告訴我們如何去拯救地獄中的眾生，或如何減緩地獄中的烈焰。然而，承認並擴大了解我們共有的寰宇之內，人禍招來的幾許苦難，仍是件好事。一個動不動就對人的庸闇腐敗大驚小怪，面對陰森猙獰的暴行證據就感到幻滅（或不願置信）的人，於道德及心智上仍未成熟。

　　人長大到某一年紀之後，再沒有權利如此天真、膚淺、無知、健忘。

　　現今文化儲存的無數影像已令我們難以縱容道德上的缺憾。讓暴戾的影像魘著我們！縱使照片不過是個標記，不可能全部涵蓋它們試圖記錄的現實，但它們仍提供了一個不可或缺

的功能。照片說：這是人——熱切地、自以為是地——能做出的行為。不要忘記！

這與呼籲人們謹記某宗盈天惡行（毋忘××）不一樣。也許記憶獲得了太高的評價，而思考的重要性卻被低估了。追思本身是宗德行，具有先天的道德價值。遺憾的是，回憶是我們與逝者所能建立的唯一關係。人之為人，自知人誰無死，在正常情況下總會哀弔較我們先去的親祖師長，所以憶念之為德行其實深植於人性之中。「不念舊」總像有點喪心成分。然而於遠超人壽的集體歷史中，追憶的價值卻帶給我們複雜的訊息。人世實在有太多不義之事了。追憶太多的舊怨（像塞爾維亞人、愛爾蘭人）徒然令人苦澀。要和平就是要遺忘。要和解，人的記憶需要局限，需要出點錯漏。

若目標是為個人找尋一點生命的空間，那麼個別的病狂行為就應消融於一個更廣泛的理解：不論何時何地人都在做些可怕的不仁之事。

○

鎮坐於——電視、電腦、掌上電腦的——小螢幕前，我們

可以浪遊式地收看來自各地的災難影像及簡短報導。這類新聞似乎遠比以前更多。這可能是種幻覺。只因為新聞的覆蓋網「無所不在」。若我們承認災痛是有觀眾的話，某些人的災痛又會比其他人的災痛更能吸引觀眾。現時的戰訊已能放送全球，但不等於人們思考遠方偃蹇的能力增強了。於此現代人生——就是會有浩繁的事物要求我們注意的人生——看到令我們踟躇不安的影像而掉頭不顧，彷彿也是正常的。若新聞媒體花更多時間報導某些特定人群因戰災或其他畸邪而陷身水深火熱，恐怕有更多觀眾會轉台。然而我們不可據此斷言：人的反應較以往鈍減了。

　　即使我們不會徹底改變，可以擰頭不顧，可以翻看另一頁，或轉向另一頻道，這都無法讓我們據此責難影像攻勢所蘊含的道德價值。看到苦楚的照片時無法痌瘝在抱，如親受煎烙，那不是我們的缺憾。當然，照片亦不能補充我們的無知之處，無法提供照片挑選並框出的苦難的根源及其歷史背景這類知識。這些影像最多只是一項邀請：去注意、反省、學習和檢查建制當局如何自圓其說地解釋災難原由的文飾辭令。誰導致照片中的災難？誰要負責任？這可以原宥嗎？這是無可避免的

嗎？於今為止的世局中有哪些是我們一直接受但其實應該挑戰的情況呢？這一切質問，連同對道德憤怒的了悟，就如憐憫一般，無法訂出一套行動方案。

面對影像而生的無能為力的挫鬱感，亦可轉譯為如下指控：觀眺影像已屬猥褻行為，或影像的散播方式很猥褻——沉重的影像可以被潤膚霜、止痛丸、名貴的體育用房車（SUV）廣告圍囿。就算我們有能力對圖中的景況採取行動，我們也可能不願對這類議題多所關注。

○

曾有人指控影像是從遠距離觀看苦痛，彷彿有別種觀看方式。縱使由近距離觀看，廢棄影像的中介，仍只是觀看吧！

對殘虐影像的某些怨懟，其實與怨懟視覺本身的特色無甚分別。視覺不用費力；視覺需要空間距離；視覺可以關閉（我們眼有雙簾，耳朵卻無門可掩）。這些特質曾令古希臘哲學家極為稱道，將視覺譽為五覺當中最優良、最高貴者，於今卻只淪為虧陷與缺失。

有些人認為攝影把影像從現實中抽離，是一種道德上的錯

誤；他們感覺人並無權利從某個距離之外、無須承受其赤裸迫力地去感知別人身受的災痛；他們質疑人是否付出了太高的（人文上的、德行上的）代價以獲取古代哲人所譽揚的視見品質——亦即從塵世的侵犯中退後站立，俾能自由地觀察、抽選、專注。然而這些不過是陳述了知性本身的運作方式。

　　後退數步去思考並無過錯。綜合多位先賢的結論：「沒有人能在思考之時同時揮拳搥人。」

9.

　　某些照片——痛苦的象徵，例如1943年華沙猶太區的那名小男孩，雙手舉起，正被押往列車送入集中營[1]——可以成為類似僧侶提醒自己人誰無死的聖物（memento mori）；可以是加深人對現實感知的沉思物件；也可以是俗世聖像，如果你喜歡的話。但那似乎也在要求一個同等神聖或冥想的空間，可於其中凝望它們。現代社會中，專門供嚴肅用途的空間難得一見，公共空間的主要形式已變成複合式的大商場（或是飛機場、博物館）。

---

[1] 該張照片可參見http://fcit.coedu.usf.edu/holocaust/gallery/46199.htm。

在畫廊觀看他人痛苦的照片，隱約有點利用、剝削他人的成分。即使是那些最端嚴的、其情感迫力似乎可萬世流傳的照片，例如1945年的納粹集中營照片，其重量也會隨不同的觀看環境而有起伏，那些環境可能是照片博物館（巴黎的許里府邸〔Hôtel Sully〕，或紐約的國際攝影中心）；是現代藝廊；是一本博物館的目錄；是電視；是《紐約時報》的版面；是《滾石雜誌》的插頁；或一本書。出現在攝影集裡或印在粗糙新聞紙上的照片（像西班牙內戰照片），與在Agnès B精品店裡展出的同一幀照片，涵蘊著不同的意義。每張照片都在某個環境中被觀看。而這類環境正在擴張增長。義大利便裝製造商班尼頓（Benetton）就曾於一個令公眾譁然的廣告內用了一張照片——照中是一名克羅埃西亞死難軍士血漬斑斑的恤衫。廣告攝影，正如同藝術攝影般，經常也是充滿野心、藝術化、狡獪地漫不經心、諷刺、莊嚴、離經叛道。在卡柏的墜地士兵照於《生活》雜誌中與對頁的活力霜廣告同時出現的那個時代，「編輯部」與「廣告部」所使用的照片素材有著涇渭分明的不同面貌。然而今日兩者的界限已不存在。

當前有許多對某些良心攝影師作品的疑問，其實是對照片

五花八門的流傳方式感到不悅。如今再也無法保證這類照片可以在蕭穆的環境裡供人觀看，遑論讓人全心地做出反應。的確，除了一些專向領袖人物致敬的愛國場所之外，哪裡還有可令人屏息沉思的空間呢？

　　只要那些題材誠篤、令人潸然的照片是藝術品——只要它們掛在牆上，不論本身承認與否，都會變成藝術品——它們便得與其他公共空間中屹立或懸掛的藝術品遭受同一命運。那就是它們將成為某人——通常有伴陪同——躑躅時的駐腳點。參觀博物館或美術館已成社交活動，藝術品通常是在充滿干擾的過程中，受到觀覽及品評*。可以說，這類照片只有當輯錄成

---

* 博物館本身的演進大大強化了這種干擾氣氛。博物館一度是做為保存及展出往昔藝術品的寶庫，但如今已日漸變為附帶商店的教育機構，展覽藝術不過是其中一項功能而已。現時其主要功能是把教育與娛樂以不同方式及程度糅合起來，以及行銷經驗、品味和擬仿物（simulacra）。所以紐約大都會博物館舉辦了賈桂琳‧甘迺迪‧歐納西斯擔任總統夫人時所穿過的服裝展；而倫敦帝國戰爭博物館（Imperial War Museum），雖然向來以其戰爭器械及圖片珍藏深獲推崇，如今也為訪客提供了兩個模擬環境：一是戰壕經驗（The Trench Experience，1916年的索穆河會戰），參觀者可感受到戰場中的聲色視聽（炸彈爆炸及死傷呼號），但無嗅覺經驗（沒有爛腐的屍體和毒氣）；二是大空襲經驗（The Blitz Experience），模擬1940年德軍空襲倫敦的情景，包括置身地下防空洞中躲避空襲的現場感。

書之後，才較能保持其重量與嚴肅性，因為讀者可以於私人空間內專情細閱，逐幀流連，不用陪人聊天。當然，書總會被人關闔。再強的情緒也終將流逝。最後，照片特有的指控性也將萎凋；個別的鏖戰、猥行將成為對人性之野蠻、暴戾的普遍控訴。於是，攝影師的個人意圖相對於這宏旨的進程也就不再那麼重要了。

○

戰爭的誘惑持續不斷，有什麼化解之道？女人問這問題的機會較男人大一點嗎？（可能是。）

人可能受到某幀（或某組）影像的感召而積極參與反戰嗎？就像前人在閱罷德萊塞（Theodore Dreiser）的《美國悲劇》（*An American Tragedy*）或屠格涅夫的〈狄托普曼之處決〉（The Execution of Troppmann，這位舊俄作家旅居法國時，曾獲邀到巴黎一所監獄去觀察一位彰名兇徒臨上斷頭台前的數小時。事後屠格涅夫將此過程實錄成文）之後，可能會加入反對極刑的行列那樣？文字似乎較影像有效。某種程度上，這問題是人有責任花多少時間去瞻看，去感受。沒有任何一幀或一輯照片能

夠開展、向前、再往前，如同烏克蘭導演賴意莎・謝比特高（Larisa Shepitko）的《上升》（*The Ascent*, 1977），那是我曾看過的把戰爭的哀悲傳遞得最牽動人心的電影。此外，還有日本導演原一男令人驚詫的紀錄片《怒祭戰友魂》（*The Emperor's Naked Army Marches On*, 1987），片中記錄了一名太平洋戰爭的「精神錯亂」退伍軍人，他一生的功業就是駕著卡車穿越東京街頭，用車上的揚聲器廣播，譴責日本的軍國罪行，以及不速而至地探望昔日的上級官員，要求他們為他們下令或容忍的諸般罪行——例如在菲律賓謀殺美國戰犯——致歉！

　　在單張的反戰影像中，攝影家傑夫・沃爾（Jeff Wall）1992年製作的巨型照片〈亡軍對話（仿1986年冬蘇聯紅軍於阿富汗莫哥城受襲案的視象）〉（Dead Troops Talk [A Vision After an Ambush of a Red Army Patrol near Moqor, Afghanistan, Winter 1986]）[2]，不論其思想深度與震撼力都具典範性。這照片是證據文件的對立面。一張寬七呎半長十三呎的幻燈片鑲於燈箱之上，照中人物被擺放在一處炸餘的山腰上，這背景是在攝影師

---

[2] 照片參見 http://www.hasselbladfoundation.org/bilder/wall/wall7.html。

的工作室中築成的。沃爾是加拿大人，從不曾涉足阿富汗。這場凶悍的戰事曾廣獲報導，但照中的突襲事件卻是虛構的。沃爾視想像戰爭的驚怖為己任（哥雅是他引述的靈感之一），正如十九世紀的歷史畫作或興起於十八世紀末十九世紀初（照相機發明前夕）的其他形式的「做為觀覽物的歷史」（history-as-spectacle）——活人畫（tableaux vivant）、蠟像展、西洋鏡（dioramas），或活動畫（panorama）——他們令往事，特別是不久之前的往事，栩栩如生地、令人忐忑不安地逼真。

在沃爾幻想出來的光學作品中，人物很「寫實」，但當然，影像本身並不寫實。沙場亡魂豈會閒聊。但他們的確在照中傾談。

十三名嚴衣臃腫、腳踏長靴的俄羅斯士兵，散布於凹凸不平、血漬斑斑、充滿碎石的斜坡上，環身都是穢物：爐餘的子彈殼、扭曲的金屬、一隻連靴的斷腿……這畫面似乎遙遙呼應著岡斯《我控訴》中的一景：一次大戰的軍士亡靈從墓中竄回人間，只不過這些於蘇聯這場晚近的、愚昧的殖民地戰爭中殞命的俄羅斯士兵，他們的寒屍從未下葬。他們有些仍戴著頭盔。一名跪地士兵頭上黏滿紅色腦漿，正聊得起勁。畫面的氣

氛和煦溫暖、言笑晏晏、肝膽相照。亡者或坐、或躺、或倚於臂肘，破裂的頭顱、摧毀的手足清晰可見。一名亡兵彎腰向著另一名躺臥地上、彷彿鼾睡正深的同袍，儼然要鼓勵他坐起身來。另三名大兵正玩成一團，其中一名腹前可見一處巨大的傷口，他正騎在另一名臥地的大兵身上；面向這嘻笑玩伴的是第三位大兵。他跪在地上，正拿著一條人肉在前者的臉前晃盪。另一位戴頭盔的大兵，雙腿已失，正轉身面朝另一位不遠處的同志，嘴角掛著警覺的微笑。他下面是兩位痿痺躺臥，淌血的頭顱倒懸於石坡，彷彿是返魂也乏力的屍骸。

　　在這充滿控訴的影像吞噬之下，觀者似乎可以幻想這些亡靈會轉過頭來跟我們說話。但是沒有，他們沒有任何一人望向我們。他們不像要抗議。他們不像要向我們高呼：制止那癰崩瘡潰般令人厭惡的戰爭！他們魂兮歸來並不是要蹣跚地譴責那些派遣他們去殺人及被殺的好戰者。對其他人來說，他們也不是嚇人的魑魅魍魎，因為在他們之中（最左邊）坐著一名穿白袍的阿富汗拾荒者，他正聚精會神地搜看某亡軍的工具袋。他們並不理會他，在他們上方（右上角）通往斜坡的小徑上，是另兩名阿富汗人，他們也許是士兵，從他們腳下聚圍的蘇聯槍

枝（卡拉西尼可夫槍〔Kalashnikovs〕）看來，他們似乎剛從兵屍身上繳除了武器。這些死者對活人極度漠然：不論是那些殲毀他們的敵人，還是那些見證者──我們。他們為什麼要與我們的目光接觸？他們該跟我們說些什麼呢？「我們」──這個「我們」是那些從來不曾經歷他們經驗的活人──不明白。我們不曉得。我們真的無法想像身歷戰禍是怎麼一回事！我們無法想像戰燹有多麼猥怖、怕人；又怎樣可以習以為常。無法理解。不能想像。這是穿越戰火，身畔不遠的人橫遭不測，他們卻僥倖逃過厄運的每個士兵、每名記者、每位支援人士及獨立觀察者，永遠揮之不去的持續感受。而他們是對的！

致謝

　　此書的部分論點，曾以其最初形式，於2001年2月在牛津大學的國際特赦演說（Amnesty Lecture）上宣讀，該講辭後與其他的特赦協會講辭輯入《人權・人禍》（*Human Rights, Human Wrongs*, Oxford University Press, 2003）一書中；感謝新院（New College）Nick Owen的演說邀請及其賓至如歸的禮遇。書中議論的一小部分曾以序言形式出現於《唐・麥庫林》（*Don McCullin*）一書，該書收集了麥庫林的多款照片，於2002年由Jonathan Cape出版。我很感謝Cape倫敦辦事處的攝影編輯Mark Holborn的鼓勵；感謝經常是我第一位讀者的Paolo Dilonardo；感謝Robert Walsh的卓見；以及Minda Rae Amiran、Peter Perrone、Benedict Yeoman、Oliver Schwaner-Albright。

　　哥尼里亞・布寧克（Cornelia Brink）的文章〈俗世聖像：凝眺納粹集中營照片〉（Secular Icons: Looking at Photographs from Nazi Concentration Camps, in *History & Memory*, vol. 12, no. 1, Spring/Summer 2000），曾予我刺激和感動；從芭比‧塞里澤（Barbie Zelizer）那本傑出的《謹記遺忘：通過相機瞳孔的猶太滅族回憶》（*Remembering to Forget: Holocaust Memory Through the Camera's Eye*, University of Chicago Press, 1998）一書裡，我發現李普曼（Lippmann）的那段引文。現於阿拉巴馬州麥斯威爾空軍基地（Maxwell Air Force Base）高級空中軍力研究學院（School of Advanced Airpower Studies）任教的詹姆士‧柯魯（James S. Corum），在一篇於《航空軍力學報》（*Aerospace Power Journal*）發表的文章中，為英國皇家空軍於1920至1924年間空襲伊拉克農村的事件提供了珍貴的資料及分析。兩本重要的書：約翰‧泰勒（John Taylor）的《身體恐佈：攝影新聞、災難與戰爭》（*Body Horror: Photojournalism, Catastrophe, & War*, Manchester University Press, 1998）、卡洛琳‧布勞特斯（Caroline Brothers）的《戰爭與攝影》（*War and Photography*, Routledge, 1997），都談及福克蘭戰爭及第一次波灣戰爭中攝影記者受到的限制。布勞特斯在她書中178～184頁間總結了各種質疑卡柏名照真確性的論據。相反的論據見於李察‧威倫（Richard

Whelan）的〈羅勃・卡柏的墜地士兵〉（Robert Capa's Falling Soldier, in *Aperture* no. 166, Spring 2002）一文。威倫舉出了一連串道德情操上模稜兩可的前線環境，進而推論說卡柏的確曾在無意中拍到一名中槍士兵。

我是從娜塔莉・豪斯頓（Natalie M. Houston）刊於《耶魯評論學報》（*The Yale Journal of Criticism* vol. 14, no. 2, 2001）的文章〈閱讀維多利亞時代的紀念品：來自克里米亞戰爭的照片與十四行詩〉（Reading the Victorian Souvenir: Sonnets & Photographs of the Crimean War）中，得到有關羅傑・芬頓的資料。維多利亞與亞伯特博物館（Victoria & Albert Museum）的馬克・哈沃斯－布斯（Mark Haworth-Booth），點出芬頓的〈死蔭幽谷〉照片存在著兩個版本，這兩款照片都刊於烏里區・凱勒（Ulrich Keller）編的《終極景觀：克里米亞戰爭的視覺史》（*The Ultimate Spectacle: A Visual History of the Crimean War*, Routledge, 2001）。帕特・霍吉森（Pat Hodgson）所編的《早期戰爭攝影》（*Early War Photographs*, New York Graphic Society, 1974）內，記載了當年英國人對史皮恩高普戰役後英兵曝屍曠野照片的反應。威廉・法拉塞尼圖（William Frassanito）在《蓋茨

堡：時間之旅》（*Gettysburg: A Journey in Time*, Scribner's, 1975）
裡，舉證證實了亞歷山大・嘉德納曾挪動一名南軍的屍體以擺
景拍攝。紅十字會創辦人古斯塔夫・莫尼耶的引文轉引自大
衛・瑞夫（David Rieff）的《但求一宿：人道援助的危機》（*A
Bed for the Night: Humanitarianism in Crisis*, Simon & Schuster,
2002）。

　　一如過往，與伊凡・納吉爾（Ivan Nagel）多年來的對話令
我獲益良多。

　　　　　　　　　　　　　　　　　　——蘇珊・桑塔格

附錄

旁觀他人受刑求[1]

I.

長久以來——至少已有六十年——攝影為那些重大的戰禍安放如何被評判和記憶的路軌。如今，西方世界的記憶博物館幾乎是一座視像館。攝影具有無可匹敵的力量，決定了我們從事件中所能回想起的一切。現時極有可能：世界各地的人一想到美國去年在伊拉克發起的那場先發制人的戰爭，就將想起在阿布格萊布（Abu Ghraib）——海珊的監獄中最惡名昭著的一所——拍下的那些照片，那些美國人對伊拉克囚犯刑求

---

[1] Regarding the Torture of Others，本文原刊於 2004 年 5 月 23 日的《紐約時報》週日刊。"torture" 在此有「痛苦」和「刑求」雙關之意，解為後者。

（torture）的照片。

　　布希政府及其辯護者僅僅致力於控制由這些照片的傳播所引起的公共關係的災難，而不追究這些圖片所揭示的領導者及相關政策的複雜罪行。首先，照片取代了現實本身。政府的最初反應是說：總統對這些照片感到震驚和噁心（disgust）——彷彿這項錯誤和恐怖只存在於圖像中，而不在於它們指涉的事實。接著是對於「刑求」（torture）這個名詞的迴避。囚犯們很可能「受虐」（abuse），甚或「受侮」（humiliation）——這就是官方願意承認的極限了。「我的印象是，就目前看來遭到指控的罪名是虐待囚犯，但我相信嚴格說來這有別於刑求，」國防部長倫斯斐（Donald Rumsfeld）在一個記者招待會上說：「因此，我不會談及『刑求』這個詞。」

　　詞語改變，詞語增加，詞語刪減。十年前，當八十萬盧安達（Rwanda）的圖西人（Tutsi）在數星期之間慘遭鄰族胡圖人（Hutu）屠殺時，美國政府苦苦迴避用上「種族滅絕」（genocide）這個詞，這一事實表明了他們無意採取任何行動。拒絕必也正名，拒絕給予發生在阿布格萊布監獄——以及在伊拉克和阿富汗其他地區以及關塔那摩海灣（Guantánamo Bay）

——的一切以確切的稱呼：「刑求」（torture），即與拒絕稱呼盧安達屠殺為「種族滅絕」一樣令人髮指。這是一份美國簽字認可的公約中關於「刑求」的定義：「無論是於身體或精神上，任何故意加諸於某人以引起嚴重痛苦或不適，以圖從此人或第三方獲取情報或認罪的行為。」（此定義出自1984年「反刑求與其他殘酷、不人道或有辱人格的待遇或刑罰公約」〔Convention Against Torture and Other Cruel, Inhuman or Degrading Treatment or Punishment〕。類似的定義在習慣法和各種條約中由來已久，從憲法第三條開始——和1949年的日內瓦四項公約相同——到晚近的許多人權公約。）1984公約聲明：「沒有任何例外情況，不論是戰時狀態或戰爭威脅，國內局勢動盪或其他社會緊急事件，可援引做為刑求行為的辯護。」所有關於刑求的公約條例都指明，刑求包括意在差辱受害人的行為，譬如把囚犯赤身裸體地留在囚室和通道中。

　　無論當前政府採取何種措施——審判、軍事法庭、勒令退伍、高級軍事官員及相應政府官員的辭職、對受害者的物質補償等——去控制阿布格萊布及別處刑求事件所帶來的名譽損失，很有可能的是，「刑求」這個詞仍將是禁忌。承認美國人

刑求他們的犯人，將有悖於這個政府鼓勵公眾相信的關於美國的種種良善意圖，以及出於這一良善意圖而在世界舞台上採取的單邊行動。

由於這起事件在世界各地對美國聲譽的損害日益加深加劇，布希總統最終被迫使用「抱歉」（sorry）一詞，即便如此，其歉意的重點似乎還是在於對美國所聲稱的道德優越感造成的損害上。是的，5月6日在華盛頓，布希總統站在約旦國王阿布杜拉二世（King Abdullah II）旁邊，他「對伊拉克囚犯遭到的羞辱以及他們家人遭受的羞辱感到抱歉」。可是，他繼續說道，他「對看到這些照片的人們不能理解美國的真實性情感到同樣難過」。

對於在這場確實推翻了現代社會一個惡魔獨裁者的戰爭中看到一些合理性的那些人而言，以這些圖像來概括美國人在伊拉克的所有努力，確乎是「不公平」。一場戰爭，一次佔領，無法避免是一面各種行動複雜綜合的大織錦。憑什麼用其中一些做為代表性的行動而不是其他那些？問題不在於刑求這一行為是否由某些個體完成（即「並非每位美軍」）——而在於它是否有組織地進行。經過許可！上級縱容的！一切行動當然都

是由個人出手。問題不在於美軍中的多數還是少數人執行了這樣的行動，而在於這個政府所貫徹的政策以及執行政策的權力機構是否使這樣的行動成為可能。

II.

遵循這一思路，照片即我們（us）[2]。也就是說，它們是任何佔領別國行為的腐敗本質以及布希政府恍目政策的具體體現。比利時人在剛果，法國人在阿爾及利亞，都曾對他們鄙視的當地頑抗者施以刑求和性侮辱。在這腐臭名單上添加駐伊美軍領導人在「解放」之後不可思議地手足無措。還要加上布希政府，也就是美利堅合眾國獨一無二的強橫原則所發動的這場無休止的戰爭[3]，而那些在這場戰亂中被羈留的當地人，假如總統就此決定，就變為「非法戰鬥分子」（unlawful combatants）——這一點早在2002年1月就由國防部長倫斯斐公布為對付塔

---

[2] 指美國人。有趣的是這二字大寫（US）也即是美國。
[3] 指布希的「反恐戰爭」（War on terro），見後文。

利班和蓋達囚犯的政策——因此，倫斯斐如是說：「嚴格說來」
這些人「不享有日內瓦公約所賦予的任何權利」，因此，對於
發生在由美國人掌管的，建於 2001 年 9 月 11 日攻擊事件之後
的那些監獄中，針對數千名既無正式指控又無法接觸律師的囚
犯的殘酷暴行，你就能完全了解這酷虐配方的由來。

　　既然如此，是否可以說這問題的關鍵不在於照片本身而在
於照片所揭示的美國治下的「嫌疑犯們」（suspects）的真實處
境？不可以。照片所呈現的恐怖無法和攝照行為的恐怖分割
——施害者們在無助的戰俘頭上擺出洋洋得意的姿勢。二次大
戰期間德軍曾攝下他們當時在波蘭和俄國所犯的罪行，然而在
賈尼那・施托克（Janina Struk）最近出版的《拍攝納粹大屠殺》
（*Photographing the Holocaust*）中，施刑者把自己置於受害者中間
的快照卻出奇地少。如果說有什麼能和這些刑求照片所傳達的
內容相提並論的話，那就是 1880 年代至 1930 年代間慘受私刑
的黑人受害者照片。照片上的美國人，頭頂或身後的樹上吊著
赤裸的黑人男人或女人的殘肢，他們對鏡露齒微笑。這些私刑
的照片是一項集體行動的紀念品，這項行動的參與者認為自己
的所作所為絕對正確無誤。阿布格萊布監獄的照片也是反映這

心態。

　　私刑照片的性質就是戰利品——由專門攝影師拍攝，供他們收集、存入相簿和向人展示。然而，由美國士兵在阿布格萊布監獄拍攝的這些照片，反映著攝影用途的變異——這些影像比較不是做為被紀念保存的物件，而是當成散發交流的資訊。士兵擁有一部數位相機已很平常。拍攝戰爭曾是攝影記者的天職，現在，士兵們自己就是攝影師——記錄他們的戰爭，他們的樂趣，他們觀察到的值得拍攝的景象，他們的暴行——然後在軍隊內部交流並通過電子郵件傳遍全球。

　　現在，人們越來越常是自身行動的記錄者。至少或尤其是在美國。安迪・沃荷（Andy Warhol）的「在真實時間中拍攝真實事件」（filming real events in real time）的理想——既然生活本身未經剪輯，它的記錄又何須剪輯呢？——已經成為網路傳播（Webcasts）的常態，身在其中的人們記錄自己的生活，發布每個人的真實秀（reality show）。我在這裡——醒來，打呵欠，伸懶腰，刷牙，做早餐，送子女上學。人們記錄下生活的各方各面，用電腦存檔，然後到處傳播。家庭生活伴隨對家庭生活的記錄——甚至，或者說尤其，當這個家庭正在經歷危機和醜聞

的陣痛之時。最近安德魯‧賈里克（Andrew Jarecki）的紀錄片
《逮捕弗里曼父子》（*Capturing the Friedmans*）探討紐約長島上
一個捲入猥褻兒童醜聞的家庭，其中，最令人震驚的素材，無
疑是多年來家庭成員間專注而不間斷地彼此拍攝對方談話和獨
白的錄影帶。

　　對於越來越多人而言，情色生活（an erotic life）意味著能
被數位相機和錄影帶捕捉到的生活。做為一種記錄的刑求，也
許當其中包含性因素時尤具吸引力。這點很明顯：隨著更多阿
布格萊布監獄的照片公諸於世，刑求折磨的照片正是和美國士
兵彼此交歡的色情圖像穿插交織著。事實上，多數刑求照片都
有一個性主題，正如那些強制犯人彼此模擬性交動作的照片所
展示。已成為經典的唯一例外，是一個男人被迫站在一只盒子
上，蒙著頭套，身纏電線的照片，據說他被警告如果摔下來就
會觸電而死。然而，囚犯們遭到痛苦捆綁或被迫伸直手臂站立
的照片卻很少見。這類虐待無疑能稱之為刑求。你只需看一眼
受害者臉上的恐慌（terror）就能明白，雖然在五角大廈看來這
類只能稱之為「緊張」（stress）的表情應在可接受的限度之內。
然而，大部分照片似乎是一個更龐雜的刑求與色情幻想的交

匯：一個年輕女人牽著拴了狗項圈的男人亂轉是經典的妓院女施虐狂（dominatrix）形象。你會懷疑有多少加之於阿布格萊布獄囚的性折磨是由網路上大量存儲的色情圖片所激發的——同時，普通人藉由散布自己的網路傳播真人秀而與之競賽。

III.

　　活著即意味著被鏡頭捕捉，意味著為生活做記錄，並且因此，全然漠視鏡頭繼續生活，或聲稱自己對相機鏡頭無休止的窺注並不在意。然而活著也意味著擺出特定的姿勢。行動，也就是參與以圖片方式記錄的團體行動。在向無助的、被捆綁的裸體受害人施加折磨的行動中表現出的滿足感，僅僅是故事的一部分。被鏡頭拍攝引發一種更深刻的滿足感，人們現在更傾向於用一種歡欣而不是一道拘禁、率直的注視（正如以前那樣）去回應鏡頭。事件有一部分是以被拍攝為目的而設計。粲然一笑是笑給照相機鏡頭的。假如在堆疊了一群裸體男人之後，你沒有拍下照片，難免會覺得有所缺憾。

　　看著這些照片，你問自己，怎會有人在他人遭受痛苦和侮

辱之時能粲然一笑？能在赤身裸體瑟縮發抖的囚犯的生殖器和
腿邊放上一隻軍犬？能迫使拷鐐加身、頭罩蒙面的囚徒相互手
淫或模擬口交？提出這些問題你覺得自己幼稚，因為，答案顯
而易見，人們就是會對其他人做這些事。強姦和對生殖器施加
苦痛是刑求的常用手段。不只是在納粹集中營和海珊治下的阿
布格萊布。美國人，當他們被告知或感染到那些臣服於他們絕
對權勢下的人應該被羞辱或被折磨時，他們也會一做再做，繼
續下去，尤其是當他們被誤導而妄想那些被他們刑求的人乃屬
於一個低等的種族或宗教。這些照片的意義不僅證明這些行為
確實發生過，而且指明了作惡者對照片內容漠然清白地無知。

　　更可怕的是，既然這些照片意在傳播和公諸於世：一切都
是搞笑（fun）而已。搞笑這個想法，唉，已經日益成為——與
布希總統向世界宣告的相反——「美國真實性情」的一部分了。
很難衡量美國人對生活中殘忍行為逐步上升的接受程度，但是
證據無處不在，從男孩們的一項主要娛樂：電視遊樂器的殺人
遊戲——出現電視遊樂器版的「審判恐怖分子」（Interrogating
the Terrorists）指日可待？——到已經日益氾濫的年輕人團體儀
式「猛踢一腳」（an exuberant kick）[4] 的暴力。暴力罪行在下

降，然而在暴行中唾手可得的快感卻在增長。從美國許多郊區高中對新生施加的殘忍折磨——理查・林克萊特（Richard Linklater）1993年的影片《年少輕狂》（*Dazed and Confused*）對此做過描述——到學院社團和運動隊中對身體施暴和進行性侮辱的戲弄儀式，美國已經成為這樣一個國家，在這裡，暴力的幻想和實踐被視為有益的娛樂，即「搞笑」。

以往極端的施虐受虐性狂想及實踐，曾被文化分隔於猥褻的色情領域——比如帕索里尼（Pier Paolo Pasolini）幾乎令人無法觀看的遺作《索多瑪一百二十天》（*Salo, 1975*）[5]。片中描繪了墨索里尼統治末期，義大利北部法西斯軍事堡壘裡的縱欲雜交的性酷刑。如今高危的色情狂想已被「正常化」（normalize），被一些人奉為令人精神一振的運動或情感宣洩途徑。「堆疊裸體人」就只像一個學校社團裡的惡作劇，一個打電話給拉什・林寶（Rush Limbaugh）[6]的聽眾以及收聽他電台

---

4 踢腳（kick）——在美俚中也有（尋）過癮之意。

5 電影根據薩德侯爵（Marquis de Sade）禁書改編，而背景改為義大利法西斯重鎮沙羅市（Salo）。

6 美國廣播脫口秀主持人。

節目的數百萬人都這麼說。有人會懷疑，打電話的人看過那些照片嗎？無關緊要。他的觀察力——或者是一個白日夢？——就在他的評論中。使一些美國人更吃驚的是林寶的回答：「完全準確！」他驚嘆。「這就是我的觀點。那和骷髏會（Skull and Bones）[7]的入會儀式沒有區別，這樣小事化大會令一些人身敗名裂，會令我們軍隊的力量受到牽制，然後我們會真的槌打他們，只因為他們貪玩。」「他們」指的是美軍士兵，那些刑求者。林寶繼續：「你知道，這些人每天都身陷槍林彈雨。我說的這些人只是逞一時之快而已。你沒聽說過情緒宣洩嗎？」

　　震撼和威懾（Shock and Awe）[8]是我們軍隊對伊拉克人的承諾。震驚和令人倒胃卻是這些照片向全世界宣告美國人所帶來的：公然藐視國際人權公約的一套犯罪模式。如今，士兵們在他們所犯的暴行前擺出pose，豎起拇指，然後將這些照片發送給他們的同伴。人們曾經願意放棄一切來保護個人生活中的

[7] 成立於耶魯大學的祕密學生組織，其成員多成為美國各界菁英。

[8] 震撼與威懾（Shock and Awe，「震懾行動」）是美伊戰爭一次大規模空襲行動的代號。

這類隱私，現在卻爭相叫嚷著要上電視節目去公布。這些照片例證了一種不知羞恥的文化以及對野蠻行為的一份無悔的仰慕。

IV.

若是認為總統和國防部長致歉及表白「噁心」（disgust）已然足夠的話，那是對人的歷史感和道德感的侮辱。這起刑求事件並非偶爾出軌。這是布希政府「非友即敵」（with-us-or-against-us）的全球鬥爭原則所帶來的直接後果。藉助這一原則，布希政府企圖根本地轉變美國的國際立場，同時重塑許多國內的制度和措施。布希政府已然把這個國家賣給一套虛假的聖戰原則，戰爭，無休止的戰爭——因為「反恐戰爭」（the war on terror）只會無休無止。那無窮盡的戰爭足以證明嫌犯無窮盡的坐囚是合理的。那些被關在由美國人控制且「逍遙法外」（extralegal）的刑罰王國的人已被稱為「被羈押者」（detainees）；「囚犯」（prisoners），這個最近被廢棄的名詞，隱含著根據國際法和所有文明國度所賦予的某些權利。無止盡的「全球反恐戰爭」

——在五角大廈的政令中，尚算合理的阿富汗戰事以及在伊拉克將永無勝望的愚行都包括在內——必然導致任何布希政府所界定的「可能的恐怖分子」（a possible terrorist）都遭妖魔化和非人化：這類定義，不容爭議，而且事實上常是祕密通過的。

在阿富汗和伊拉克鋃鐺入獄的多數人其面對的指控並不存在——根據國際紅十字會的報告，在那裡百分之七十到九十被關押的人似乎並沒有犯事，除了在錯誤的時間出現在錯誤的地點，無妄地在掃蕩「嫌疑分子」（suspects）時被捕。關押他們的主要理由是「詢問」（interrogation）。詢問什麼？詢問一切。被羈押者所知的一切。假如此等詢問是關押囚犯的主要原因，那麼身體侵犯、侮辱和刑求就是不可避免的了。

記住：我們不是在討論最罕見的例子，即「定時炸彈正在倒數」（ticking time bomb）這種情況，有時這會被當成一種極限性的案例，變成為求收集迫在眉睫的攻擊情報而不得不刑求的正當理由。然而這是籠統、不明確的情報搜集，是由美國軍方和非軍方官員授權，以便在他們懵懂忽視的異國之內，試圖進一步了解美國人茫無頭緒的一個邪惡影子帝國：原則上，任何資訊都可能是有用的。一場榨不出任何情報資訊（無論什麼

樣的資訊）的詢問算是失職。因而製造更多自圓其說的藉口使
囚犯開口。軟化他們，施壓令他們吐露——這些都是在關押恐
怖嫌犯的美國監獄裡所發生的獸行託詞。不幸的是，正如參謀
軍士伊凡・費得力克（Staff Sgt. Ivan [Chip] Frederick）在日誌中
所記，犯人可以因施壓過重而猝斃。那張裹屍袋裡裝了一個胸
口放著冰塊男人的照片，也許剛好就是費得力克所描述的事
件。

　　照片不會消失。這就是我們生存其中的數位現世的本質。
事實上，它們似乎已經不可或缺，為了引起我們的領導人注意
到他們有麻煩了。畢竟，美軍先在阿富汗後在伊拉克，對獄中
「被羈押者」和「恐怖嫌疑分子」施加酷刑的消息，於國際紅
十字會的彙報、記者的其他報導以及人權組織的抗議信間足足
傳播了一年之久。我們懷疑總統布希或副總統錢尼或國家安全
顧問萊斯（Condoleezza Rice）或倫斯斐是否讀過這些報導。顯
然需要這些照片來引起他們的注意，當這些照片很明顯地再也
壓不住的時候；對於布希和他的幕僚們，正是這些照片使事件
變得「真實」起來。在此之前，有的僅是文字和言詞，在我們
這個無窮盡的自我複製和自我傳播的數位時代，「空言」很容

易被掩蓋，被遺忘。

　　現在，照片將持續「攻擊」（assault）我們——這是許多美國人的感覺。人們會習慣它們嗎？已經有些美國人說他們看夠了。無論如何，美國之外的世界不會同意。無止盡的戰爭：無止盡的影像流。現在的編輯還會爭辯該不該刊登更多照片，或不加刪改地展示它們（連同那些最著名的圖像，比如站在盒子上的蒙面人，然後提出一個不同的、甚或更駭人聽聞的角度）嗎？這恐怕會被責為「品味低劣」或太具政治暗示吧？在此，「政治」這個形容詞的含義是：對布希政府的帝國擴張計畫的批評。因為，毫無疑問，正如倫斯斐所證實的，這些照片損害了「軍隊中那些勇敢的、負責的、專業的在全球各地保衛我們自由的高尚青年男女的聲譽」。這樣的損害——對我們的聲譽，我們的形象，我們做為唯一超級大國的成就——正是布希政府不竭責難的對象。但為何保衛「我們的自由」——全球人口總數百分之五的人的自由——需要美國士兵「在全球各地」行動，這一點我們的民選官員幾乎從不討論。

　　反挫力已經開始了。社會賢達警告美國人不應沉溺迷戀於自責。持續地公布這些照片令許多美國人抱怨：彷彿我們沒有

保衛自己的權利。畢竟，是他們（恐怖分子）率先發難。他們
——賓拉登？海珊？有什麼區別？——攻擊我們在先。奧克拉
荷馬的參議院詹姆斯‧因霍夫（James Inhofe），參議院軍事委
員會（the Senate Armed Services Committee）的共和黨成員，曾
聽取倫斯斐在他面前作證。因霍夫聲稱他肯定不是委員會中唯
一一位不是被照片的內容而是被對照片「大驚小怪的言論激怒」
的人。「這些犯人，」因霍夫參議員解釋：「不是因為交通違
規而被收監。假如他們被羈押於囚區的1-A或1-B，就表示他
們是殺人犯，他們是恐怖分子，他們是叛亂分子。他們當中的
許多人可能手上都染過美國血，而我們卻在這裡如此關心這些
人的待遇。」那全是「媒體」之過。它們正在全球煽動打擊美
國人的暴力，而且會一直煽動下去。因為這些照片，會有更多
的美國人遇害。

　　當然，對於這項指控有一個回答。美國人正在死去，卻不
是因為這些照片，而是照片所揭示的正在發生的那些事故，及
令其可能的指揮系統。這是安東尼‧塔古伯少將（Maj. Gen.
Antonio Taguba）所暗示的，是上等兵琳蒂‧英格蘭（Lynndie
England）所說的[9]，還有其他人，包括南卡羅來納州的共和黨

參議員林賽・格拉漢（Lindsey Graham），他於5月12日在五角大廈看到整批圖片之後也這樣認為。「其中一些照片有一種悉心設計的感覺，這使我懷疑是否有人導演或鼓勵〔虐囚〕。」格拉漢參議員這樣說。佛羅里達民主黨參議員比爾・尼爾森（Bill Nelson）說，查看未經剪切的走廊裸體疊羅漢那張照片時，看到當時有不少其他士兵在場，其中一些人甚至根本視若無睹。這明顯牴觸了五角大廈表示只有部分無賴士兵涉及此事的斷言。「是於某個時刻，」尼爾森參議員指的是刑囚者，「有人預告這類行為即將發生，或向他們打了眼色。」出現在照片上的特種兵小查理斯・格蘭尼（Charles Graner Jr.）的辯護律師要求他指認未經剪輯照片上的那些人；根據《華爾街日報》的文章，格蘭尼說其中四人是軍方情報人員，還有一個是和他們一起工作的平民承包商。

9 塔古伯少將是揭發醜聞的關鍵人物。女兵英格蘭正是照片中手執狗鏈的女士。

V.

　　然而照片和現實之間的區別——正如政治辭令和政策（spin and policy）之間的區別——輕而易舉就能蒸發不見。這就是政府所希望的。「還有更多的照片和錄影帶存在，」倫斯斐在國會證詞中承認。「如果向公眾公布這些，很顯然，將會讓整件事變得更糟。」更糟，大概是對政府和它的計畫而言，而不是對當前的——以及可能的？——刑求受害者而言。

　　媒體可以自我審查，然而，倫斯斐承認，要審查大洋彼岸的士兵很難。他們不再像過去那樣會寫信回家，如今的軍隊審查官也不能打開信封把信內不宜的字行劃去。今天的士兵實際上更像旅遊者，正如倫斯斐所說，「帶著數位相機到處跑，拍下這些不可思議的照片，然後違背法令四處傳送，發給媒體，我們防不勝防。」政府禁壓照片的措施正在各方展開。目前，官方的論據正轉向法理層面：現在，這些照片已列為未來某些罪案的證據，假如向公眾公布這些照片，將會對判決造成偏見。參議院軍事委員會主席，維吉尼亞州的共和黨議員約翰・華納（John Warner），在5月12日逐一看過對伊拉克囚犯所施

予的性侮辱和暴力行為的幻燈片後表示，他「極其強烈的」認為更新的照片「不應向公眾展示。我覺得那樣可能會危害正在軍中服役、身歷險境的男男女女」。

不過，限制公眾接觸這些照片的真正動力，將來自於繼續為布希政府護短以及掩蓋我們在伊拉克的治理不當的狡辯者——把那些照片引致的「公憤」抹黑為企圖削弱美軍的實力及其致力的目標。正如許多人把電視發布入侵和佔領伊拉克過程中殉難的美軍圖片視為對戰爭的含蓄指責，傳播新的虐囚照片將愈益被認為是不愛國並進一步玷污美國形象的行為。

畢竟，我們正在作戰。無休止的戰爭。戰爭是地獄，比把我們帶入這場腐臭戰爭的任何人所預期的更可怕的地獄。在我們數位鏡子的迷宮中，這些照片永不會消失。是的，一張照片似乎抵得上千言萬語。而且，即使我們的領導人選擇不瞄一眼，也會有成千上萬的快照和錄像不斷出現。不可阻擋。

（孫怡譯）

譯後記

　　蘇珊・桑塔格新著的英文書名中的 Regarding 一詞同時有
「有關」、「觀看」的意思，不只是中文，甚至其他多個歐洲譯
本中都難以找到對等的文字。談攝影，重點自然是在「觀
看」。我用「旁觀」，是套用「袖手旁觀」的弦外之音。究竟影
像充斥的現代文化是否令人越來越傾向「袖手旁觀」是此書的
關注。書中這一部分的理論已存於她的國際特赦協會演說〈戰
爭與攝影〉之中。該演說我早已譯出，輯於《蘇珊・桑塔格文
選》（台北：一方出版，2002）。然而該演說只能視為本書的文
摘，因為《旁觀》一書同時追溯現代戰爭與攝影的演進，近代
反戰運動的發展，影像文化的複雜與曖昧。而字裡行間閃爍著
後911世局的沉鬱氣氛。我提供了一些長譯註（責任編輯吳莉
君女士亦有補充），用以闡明書的背景及這期間的政治氣候。

　　此書譯稿原由一方出版的陳雨航先生組稿，早在去年完
成。但一方出版公司被收購，出版計畫因稿件流轉到麥田出版

而延擱。月前莉君告訴我終於能於今秋出版。早在5月間閱到桑塔格在《紐約時報》發表的〈旁觀他人受刑求〉（Regarding the Torture of Others，以下簡稱〈刑求〉），明顯是此書的伸延，我遂去了張電郵向桑塔格問好，順及此書擱置出版之事，我建議不如收進〈刑求〉一文，以饗台灣讀者。

　8月間香港電台電視部公共事務組的陳敏娟、陸燕玲乘我身居紐約之便，邀約為她們的《傳媒春秋》節目拍攝一個「美國傳媒與伊戰」的專題。我遂找來了《紐約時報》的公眾編輯丹尼‧奧格蘭（Daniel Okrent），曾得普立茲獎的《紐約書評》（*New York Review of Books*）的著名媒體評論家麥克‧馬盛（Michael Massing）就美國報業（特別是《紐約時報》）有關伊拉克「大規模毀滅性武器」報導上的滑鐵盧發表意見。我也跟最早於CBS電視台《六十分鐘》節目中率先報導阿布格萊布虐囚照的當紅新聞監製瑪莉‧美普絲（Mary Mapes）聯絡上。她身居達拉斯（Dallas）市，本來說要來紐約公幹，同時接受訪問。但她臨時說覓得另一則驚天大新聞的線索，因而取消行程。我狼狽了幾天，終於臨急找攝影隊訪問了她《六十分鐘》節目的總監傑夫‧費加（Jeff Fager），就該節目為何順應國防部

要求延遲兩週才報導虐囚案一事解釋。（如今我悵然發現，原來美普絲所謂的驚天大新聞，竟然是令CBS因涉嫌根據偽造文件報導布希於國家護衛隊服役失職的紀錄，終而蒙羞道歉的那個特輯！）

　　反正是一連數天頭昏腦脹，沒空查電郵。終於開啟電腦時，看到桑塔格的助理安妮一連來了兩個回覆。我去電桑塔格時祝一句「身體健康」不過是禮貌。想不到安妮小姐覆道：「你可能已聽聞桑塔格身體違和，她週前剛在西雅圖接受了骨髓移植手術……」我驚悉桑塔格竟爾第三度與癌症搏鬥。

　　三十年前她因戰勝乳癌而撰寫了1978年出版的《疾病的隱喻》（*Illness as Metaphor*）。該書被女性國家書會列為七十五本「改變世界女性的著述之一」，因為書中掃除了不少人對某些疾病（特別是女人對乳癌）的成見及不必要地自咎自譴的羞慚心態。

　　桑塔格的文學及藝術評論同時也是鋒銳的文化評論。這是令她成為過去半世紀的美國及國際間少數最受尊崇的公眾知識分子的原因。

　　《旁觀他人之痛苦》是她面對後現代文化的一個答辯。一

個簡單的討論可見我為《蘇珊‧桑塔格文選》寫的序〈文字‧影像‧良心〉及書中的訪談錄〈反後現代主義及其他〉。去年我因翻譯《旁觀》，也因這艱難的時世而生不少思緒，遂在《電影國際》（*Film International*）雜誌（第5期，2003年）中刊登了英文長文〈戰爭與影像：911‧桑塔格‧布希亞及維希留〉（War and Images: 9/11/01, Susan Sontag, Jean Baudrillard, and Paul Virilio）是較詳細的《旁觀》書評，有興趣的讀者可以到網址 http://www.filmint.nu/eng.htm 。

《旁觀》是桑塔格回眸自己於1977年出版的校園經典《論攝影》（*On Photography*）見時異勢易，有感而生的今日之我與昔日之我的對話，也是她於1998～99年間第二度與癌症搏鬥後唯一出版的新書。最近數年，她說是致力寫一本以日本為背景的新小說，而發表的都是些憂時傷國的談話──911、伊戰、以巴衝突等，包括最晚近的這篇〈刑求〉。我曾於一次通訊中建議她把這些短文結集出版，以濟時厄。她沒有搭腔，我想她一方面是對出書的態度嚴謹，另方面也無意經營她是高級時事評論員這身分。

安妮小姐的第二封電郵告訴我，她已得病榻上的桑塔格首

肯，授權附加〈刑求〉一文於這書內。華語版的《旁觀》竟然
較英文原版的內容更豐富，是我們遲有遲福。

　　誠如前述，〈刑求〉是《旁觀》的伸延。但兩篇一長一短
的文章的知性背景卻有點不一樣。〈刑求〉所追溯的不只是
《論攝影》，還有她的〈迷人的法西斯〉（Fascinating Fascism，
輯於《土星座下》〔 *Under the Sign of Saturn* 〕）及〈色情想像〉
（The Pornographic Imagination，輯於《激進意志之風格》〔 *Styles
of Radical Will* 〕）這兩篇宏文。桑塔格應用頗個人的美學語彙以
探討虐囚事件有其真知灼見，無可厚非。我覺得應該稍做補充
的是——許多證據顯示拍攝紀念品式的刑求照片不只是無知無
恥而已，其實也是刻意經營的刑求方式之一。布希政府根據他
們對伊斯蘭文化的了解，銳意挫擊伊斯蘭男性的自尊。把他們
性屈辱的照片散播是迫供的殺手鐧[1]。

　　《旁觀》一個層面上是桑塔格與後現代主義理論家布希亞
的一場隔海筆戰。以《反對詮釋》（ *Against Interpretation, and*

---

[1] 參看《紐約客》（ *The New Yorker* ）雜誌超級調查記者西摩・赫希（Seymour Hersh）
根據他的獨家報導輯錄而成的新書《司令之鏈：從911到阿布格萊布的道路》（ *The
Chain of Command: The Road from 9/11 to Abu Ghraib*, HarperCollins, 2004 ）。

Other Essays）一書揚名立萬的桑塔格，於半個世紀之後，邁入「知命」的暮年時，仍勇悍地斥逐她眼中宣稱「現實已死，影像、媒體全盤勝利」的理論為巧言令辭的浮誇詮釋。某些時刻我們感到，她的立場依稀有點過分簡化，布希亞的深門疊戶的理論不應一棒打殺。然而，當虐囚照面世之時，我記得我立刻想起《旁觀他人之痛苦》這篇力作。在這影像泛濫的年代，她聲言，照片仍具不可泯滅的道德力量。這觀察／信念於此書出版不足一年之後立刻獲得證實，顯示桑塔格仍是當代屈指可數的最先知先覺的文化評論家之一。

　　原著不曾附錄任何圖片，我們也應桑塔格要求的譯本出版方式。她解釋說：「我不想有照片，因為我想提出理論，挑釁人去思考一些問題，照片不能作出『戰爭是地獄』、『這場戰爭全無必要』的說明。你需要文字去做這類工作。」

　　但書中談及的一些圖片，讀者可以在《蘇珊・桑塔格文選》中看到。此外，莉君也找來了一些圖片的網址，幫助說明。

　　此書出版蒙王德威兄的鼓勵，麥田出版的支持；William Delp及田中康予於日文上、伍志立及Marina Henug於法文上的指正。桑塔格於翻譯過程中為文義的澄清的討論令我獲益不

淺。她通曉法語、義大利及西班牙語，連德語及葡萄牙語的譯本都親自校訂，並傳給我她與多國譯者的討論。感謝她對我這中文本的「盲目的信任」，並祝她早日康復，為她的萬千讀者繼續健筆。

——陳耀成（October 2004）

國家圖書館出版品預行編目資料

旁觀他人之痛苦 / 蘇珊.桑塔格 (Susan Sontag)
著; 陳耀成譯. -- 二版. -- 臺北市：麥田, 城邦文化
出版：家庭傳媒城邦分公司發行, 2010.05
　面；　　公分. -- (桑塔格作品集；5)
譯自：Regarding the pain of others
ISBN 978-986-173-639-6(平裝)
1. 戰爭 2. 攝影
542.2　　　　　　　　　　　　99005914

桑塔格作品集 5

旁觀他人之痛苦
Regarding the Pain of Others

作者──蘇珊‧桑塔格（Susan Sontag）
譯者──陳耀成
責任編輯──吳莉君、吳惠貞、官子程

編輯總監──劉麗真
總經理──陳逸瑛
發行人──涂玉雲
出版者──麥田出版
城邦文化事業股份有限公司
台北市中山區民生東路二段141號5樓
電話：（02）2500-7696　傳真：（02）2500-1966

發行──英屬蓋曼群島商家庭傳媒股份有限公司城邦分公司
台北市民生東路二段141號2樓
客服服務專線：（02）25007718‧（02）25007719
服務時間：週一至週五09:30-12:00‧13:30-17:00
24小時傳真服務：（02）25001900‧（02）25001991
讀者服務信箱：service@readingclub.com.tw
郵撥帳號：19863813　　戶名：書虫股份有限公司
麥田部落格 http://blog.pixnet.net/ryefield

香港發行所──城邦（香港）出版集團有限公司
香港灣仔駱克道193號東超商業中心1樓
電話：（852）25086231　傳真：（852）25789337
電郵：hkcite@biznetvigator.com

馬新發行所──城邦（馬新）出版集團【Cite(M)Sdn Bhd】
41, Jalan Radin Anum, Bandar Baru Sri Petaling,
57000 Kuala Lumpur, Malaysia.
電話：（603）90578822　傳真：（603）90576622
E-mail：cite@cite.com.my

印刷：中原造像股份有限公司
初版一刷：2004年10月
二版六刷：2014年04月
ISBN：978-986-173-639-6
定價：220元

城邦讀書花園
www.cite.com.tw